DÍA DE OPERACIONES PARA PRINCIPIANTES 2024

Una guía paso a paso para aumentar tus beneficios y construir un ingreso pasivo con los consejos adecuados, tácticas y planes de acción.

Tabla de Contenidos

Introducción

La práctica del día de operaciones, conocida comúnmente como operar en períodos cortos, se hizo cada vez más común con la expansión del acceso a Internet. Instantáneamente, surgieron negocios que facilitan el comercio en línea y la intermediación, atrayendo a un número considerable de clientes. Las personas interesadas en los mercados financieros ahora pueden encontrar trabajo interesante y lucrativo gracias a la facilidad con la que pueden acceder a los mercados de valores desde la comodidad de sus hogares o mientras están en una cafetería local. De repente, la palabra "inversor" comenzó a parecer anticuada, y el día de operaciones se volvió muy popular.

Han surgido varias ideas erróneas debido a la creciente popularidad de la noción de que uno puede generar ingresos mientras está sentado frente a una computadora. Antes de continuar con la estrategia diaria de operaciones, debemos aclarar estas ideas equivocadas primero.

Cuando se trata de operaciones diarias, no existe una técnica infalible para enriquecerse de la noche a la mañana:

La idea de que el día de operaciones es simplemente una máquina de hacer dinero es tanto lo que lo hace más interesante de considerar como lo que lleva a la mayoría de las personas por el camino equivocado. Esto no es en absoluto cierto. Muchas personas creen erróneamente que para acumular una gran riqueza, todo lo que se requiere es comprar y vender activos diariamente. Los operadores minoristas que ingresan ingenuamente a los mercados, escuchan el consejo de amigos, colegas, gurús de la televisión o incluso modistas, y luego pierden su camisa como consecuencia de este tipo de pensamiento, pierden una cantidad significativa de dinero. Operar en los mercados financieros requiere un conocimiento integral de cómo funcionan, una estrategia de operaciones metódica y una gran cantidad de paciencia. Es un error común pensar que el día de operaciones es tan fácil como jugar a la lotería o apostar en casinos. Esto es una creencia equivocada. No hay suerte ni azar cuando se trata de ganar dinero en una empresa. Después de realizar una exhaustiva investigación sobre la empresa y la industria, se tomó la decisión de asumir este riesgo después de una cuidadosa consideración. Debes tener un firme conocimiento de las complejidades del día de operaciones antes de siquiera considerarlo como tu carrera o fuente principal de ingresos. Investiga cada uno de los aspectos que desempeñan un papel en determinar los resultados de las operaciones diarias. Si deseas ser un buen operador diario, necesitas adquirir las habilidades necesarias de manera metódica y paso a paso.

Después de todo, no puedes permitirte correr el riesgo de perder dinero cuando lo estás invirtiendo para aumentar tus beneficios.

Operar a diario no es un trabajo típico

de 9 a 5: La idea de que el día de operaciones es igual que hacer un trabajo tradicional de nueve de la mañana a cinco de la tarde es otra idea equivocada común que provoca pérdidas financieras a los operadores minoristas. Operan bajo la suposición de que comienzas a operar tan pronto como se abren los mercados (después de llegar al trabajo a una hora específica), operas durante todo el día y cierras tus posiciones tan pronto como suena la campana de cierre (sales del lugar de trabajo a una hora fija). Los mercados financieros no se parecen en nada a hacer un trabajo de oficina típico. El funcionamiento de los mercados financieros y los componentes que los componen, como acciones, materias primas, monedas e índices, se ve afectado por una amplia gama de factores. Todos ellos son instrumentos de operaciones diarias, y sus precios se ven afectados por una variedad de eventos corporativos, políticos y financieros. En el mundo de las finanzas y los negocios, hay un término que se usa con frecuencia. El término para este fenómeno es "volatilidad del mercado". Este término se refiere al comportamiento errático que se puede observar en los mercados financieros. En el ámbito de las operaciones, las fluctuaciones pueden ocurrir en cuestión de segundos, a diferencia de la mayoría de los trabajos de oficina que van de 9 a 5, que presentan muy pocas "fluctuaciones" o movimientos rápidos. Esta volatilidad puede hacer que aquellos que son nuevos en las operaciones se sientan mareados. Estos bruscos cambios en el mercado de valores solo se pueden dominar teniendo primero un conocimiento integral de cómo funcionan los mercados y luego sabiendo cómo operar teniendo en cuenta la volatilidad inherente. Cuando comienzas a operar a diario, es importante tener en cuenta que estarás poniendo tu dinero en riesgo. Tu objetivo debe ser acumular la mayor cantidad de datos posible, ya que hacerlo mejorará tus probabilidades de tener éxito y reducirá el riesgo asociado.

Capítulo Uno

Los Detalles del Día de Operaciones Siempre ten en cuenta la primera regla del día de operaciones, que establece que nunca debes dejar una operación abierta durante la noche, incluso si hacerlo te hace perder dinero. Pero, ¿por qué se requiere que cumplas con esta regla incluso si hacerlo te causa pérdidas en el mercado? ¿No es acaso que ganar dinero es el objetivo principal del día de operaciones? El día de operaciones se realiza con la intención de obtener beneficios, eso es correcto. Mantener acciones volátiles durante la noche podría exponerte a sufrir pérdidas aún mayores al siguiente día de operaciones, a pesar de que el día de operaciones es cuando las acciones volátiles realmente brillan. Es aconsejable aceptar pérdidas más pequeñas en operaciones diarias en lugar de pérdidas más grandes al mantener acciones durante la noche, con la esperanza de una significativa recuperación de precios al siguiente día de operaciones. Incluso si incurres en pérdidas en el día de operaciones, puedes mitigar esas pérdidas cerrando tus posiciones antes de que cierre el mercado para el día. Es de suma importancia que puedas salir de las posiciones con beneficios. ¿No crees que esperar hasta mañana te permitirá ganar más dinero, verdad? Es cierto que es preferible tener dos pájaros en la mano que tres en el arbusto. También es esencial tener en cuenta que operar y invertir no son lo mismo en absoluto. Aunque el comercio puede considerarse una inversión, la inversión tradicional es más bien un enfoque "manos libres", de comprar y mantener, que genera rendimientos a lo largo de muchos meses o incluso años. El comercio requiere un período mucho más corto que otras formas de inversión, siendo el día de operaciones de no más de unas pocas horas y el comercio de swing de no más de unos meses en su mayoría. Las posiciones largas y cortas constituyen cada una su propia técnica distintiva. Cuando adquieres un valor financiero, te comprometes a mantenerlo durante un tiempo significativo. Cuando un operador dice que está "largo" en 100 acciones de acciones de Intel, significa que el operador ha comprado y actualmente posee esa cantidad de acciones de Intel. Tomar una posición larga en un valor financiero se hace con la intención de vender los activos a un precio mejor en una fecha posterior. Debes vender los valores que posees para cerrar una posición larga. Cuando vendes un valor pero no lo posees, se dice que estás tomando una posición corta en ese valor. Cuando un operador dice que vendió "en corto" 100 acciones de acciones de Intel, indica que vendieron las acciones con la esperanza de que el precio continúe bajando, lo que les permitirá recomprar las acciones a un precio más bajo. Es el mismo concepto que comprar barato y vender caro, con la excepción de que "vender caro" ocurre más tarde en el proceso. ¿Cómo vas a vender algo que no tienes, y por qué querrías hacerlo en primer lugar? Primero las primeras cosas, repasemos las razones por las cuales realmente necesitas hacerlo. La solución a este problema no es complicada: simplemente aprovecha las caídas de los precios de las acciones. El enfoque típico de comercio de comprar activos a precios más bajos y venderlos a precios más altos, que se explicó antes, puede considerarse lo opuesto a lo que se está diciendo aquí. Si vendes activos a precios altos y luego los compras de nuevo a precios reducidos en un momento posterior, tienes el potencial de ganar dinero incluso cuando el mercado está en baja. Entonces, ¿cómo lo vas a hacer? Puedes tomar prestadas acciones de tu bróker, vender esas acciones, comprar esas acciones cuando sus precios disminuyan y luego devolver los activos que tomaste prestados de tu bróker. Esto dependerá de tu bróker y de si estás calificado o no. Terminas ganando dinero con la venta en corto en el proceso. Ten en cuenta, sin embargo, que la venta en corto, al igual que las posiciones largas, conlleva algunos riesgos, uno de los cuales es la posibilidad de que los precios aumenten en lugar de disminuir. Dadas las circunstancias, corres el riesgo de sufrir pérdidas en las operaciones. Puede que te desconcierte por qué las firmas de corretaje o las bolsas de valores prestarían acciones a inversores individuales con el propósito de la venta en corto en lugar de vender las acciones ellas mismas. Eso es un punto realmente bueno para discutir. La mayoría de los corredores, de hecho, están interesados en hacer inversiones a largo plazo en diversos tipos de valores. ¿Por qué? ¿Por qué asumir el riesgo de transacciones a corto plazo en un mercado que está bajando cuando pueden ganar dinero simplemente prestándolo a clientes que quieren vender en corto y cobrando una tarifa por el privilegio? De esta manera, hay beneficios para todos. Incluso cuando los mercados van mal, los inversores a largo plazo aún pueden obtener ganancias de sus inversiones al vender en corto o tomar prestadas acciones. Compara y contrasta a los traders minoristas con los traders institucionales. Ya sea que trabajen a tiempo parcial o completo, los traders minoristas no están empleados por una empresa y no manejan el dinero de otras personas en ningún aspecto. Estos comerciantes son responsables de una parte relativamente pequeña del volumen total de operaciones. Por otro lado, los fondos de cobertura, los fondos mutuos y los bancos de inversión son ejemplos de traders institucionales. Estos tipos de traders participan en operaciones de alta frecuencia y utilizan herramientas tecnológicas avanzadas. El nivel actual de participación humana en las operaciones de firmas de inversión es bastante bajo. Los inversores institucionales tienen el potencial de ser altamente agresivos cuando cuentan con analistas experimentados y grandes sumas de dinero. Puede que te preguntes cómo alguien tan nuevo en el juego como tú puede competir con los jugadores más grandes en esta etapa. Una de nuestras fortalezas es que tenemos un alto grado de autonomía y adaptabilidad en nuestras operaciones.

Debido a la regulación, a los traders institucionales se les exige operar. Los traders individuales, por otro lado, tienen completa discreción sobre si participan o no en el mercado cuando este se encuentra en un estado inestable. Independientemente de lo que esté haciendo el precio de las acciones, los traders institucionales deben permanecer activos en el mercado y operar grandes volúmenes de acciones. Es aceptable que los traders individuales esperen en la línea de banda y luego operen cuando surgen oportunidades de mercado apropiadas. Lamentablemente, la gran mayoría de los traders minoristas no tienen la información necesaria para determinar cuándo es óptimo operar y cuándo es óptimo esperar. Si quieres tener éxito en el día de operaciones, necesitas aprender a controlar tus emociones y desarrollar tu paciencia. En cuanto al día de operaciones, el obstáculo más significativo para aquellos que no tienen éxito no es el tamaño de sus cuentas de operaciones ni la falta de equipos relevantes; más bien, es la falta de disciplina. La mayoría de las personas luchan con su gestión financiera y participan en operaciones excesivas. El término "técnica guerrillera" se refiere a una estrategia no convencional para operar inspirada en la guerra de guerrillas. Este método ha tenido éxito para ciertos traders minoristas, y su nombre proviene del término "guerra de guerrillas". Los guerrilleros son expertos en el uso de tácticas de golpe y fuga como incursiones, sabotajes y emboscadas para aprovecharse de un oponente convencional más visible y menos móvil. Estas tácticas incluyen emboscadas, incursiones y sabotajes. Es esencial que no pierdas de vista el hecho de que tu objetivo no es competir con los traders institucionales. En lugar de eso, debes centrar tus esfuerzos en esperar la oportunidad más favorable para ganar el dinero que deseas. Si eres un trader minorista, tienes el potencial de obtener beneficios de mercados volátiles. Si los mercados siguen siendo bastante estables, puede ser difícil generar beneficios. Los conocimientos, la experiencia y los recursos financieros necesarios para apostar bajo tales condiciones solo los tienen los traders institucionales. Debes educarte sobre cómo elegir acciones de manera que te permita tomar decisiones rápidas sobre si ir en corto o largo regularmente. Por otro lado, los traders institucionales utilizan el comercio de alta frecuencia, y este tipo de operaciones les permite beneficiarse incluso de pequeños cambios en los precios. Alpha, por otro lado, los traders minoristas están en busca de valores "alfa", para decirlo de manera simple. Estos valores a menudo disminuyen cuando los mercados van bien, pero tienden a comportarse bien cuando los mercados tienen un desempeño deficiente. A menudo es seguro avanzar cuando el mercado en su conjunto y las acciones individuales se mueven en la misma dirección. Asegúrate simplemente de que las acciones que estás negociando se están moviendo por razones distintas a las causadas por las circunstancias del mercado.

Probablemente te estés preguntando qué tipo de desencadenantes requieren las acciones para ser adecuadas para el día de operaciones.

Un ejemplo de un catalizador podría ser la oferta de deuda: • Recompras. • No es raro que las acciones se dividan en muchas mitades. • Cambios en la dirección ejecutiva son comunes. • Despidos. • Reestructuración. • Ganancias y pérdidas significativas en términos de contracción. • Asociaciones/alianzas. • Lanzamientos importantes de productos. • Consolidaciones a través de fusiones y/o adquisiciones. • La FDA emitirá su permiso o su desaprobación. • Ganancias inesperadamente altas.

Los traders minoristas que participan en operaciones de reversión a menudo eligen acciones que se están vendiendo a precios más bajos como resultado de noticias adversas sobre la empresa. Esto se debe a que los traders minoristas creen que las operaciones de reversión son más propensas a ser rentables. Cuando hay una caída abrupta en el precio de las acciones debido a noticias negativas, muchos traders se percatarán de la situación y comenzarán a monitorear la empresa en busca de lo que se conoce como una reversión al alza.

¿Cómo puedes saber qué acciones son populares entre los inversores individuales que buscan comprarlas? Hay algunas estrategias que se han utilizado con éxito en el pasado.

Los escáneres para acciones de día de operaciones son una excelente manera de comenzar. Los traders minoristas están interesados en acciones que han tenido movimientos de precios considerablemente grandes, ya sea en dirección positiva o negativa.

El segundo paso es buscar grupos de redes sociales y comunidades en línea relacionadas con el comercio minorista. Tanto Twitter como Stock Twits son herramientas maravillosas para mantenerse al día con las noticias y otros eventos actuales. Si sigues a traders exitosos de manera constante, puedes aprender de las estrategias que utilizan. Hay muchos aspectos positivos al ser miembro de una organización de día de operaciones.

El tema de discusión ahora son los valores.

Muchos inversores, traders y analistas centran su atención en los cambios en los índices del mercado o en movimientos con un propósito específico. Hacen esto porque son conscientes de que la mayoría de los activos financieros seguirán, a menos que haya una razón convincente en sentido contrario, la tendencia general de los mercados en los que se negocian. Por ejemplo, la mayoría de las acciones de la NYSE aumentarán de precio cuando lo haga el Dow Jones Industrial Average, y viceversa. Por otro lado, siempre habrá excepciones que, por alguna razón, se desvían de la tendencia general para lograr un objetivo particular. A pesar de que sus mercados generales se están contrayendo, están experimentando un crecimiento. Sus precios de acciones están cayendo en un momento en que el mercado de valores en general muestra signos de mejora.

Estos valores se llaman valores "en juego" porque actualmente se están negociando (SIP). Estos son los valores en los que deberías centrar la mayor parte de tu atención si eres un trader minorista o individual que opera en el mercado de día que has seleccionado.

Si estás interesado en operar acciones durante el día, debes buscar empresas que estén operando en la dirección opuesta a la tendencia dominante en el NYSE o NASDAQ. Si se utilizan contratos de futuros, entonces estarán en competencia directa con la gran mayoría de los otros acuerdos comparables.

¿Estás entendiendo lo que estoy tratando de decir? ¡Correcto!

¿Cuáles son algunas de las posibles

explicaciones para las acciones sin sentido que toman los SIP? Resultados inesperados en términos de ganancias, empresa o economía, así como alteraciones significativas en las políticas realizadas por los gobiernos, por nombrar solo algunos ejemplos.

Un valor no siempre es un SIP solo porque se mueva en la dirección opuesta a la tendencia general del mercado. Debe haber una explicación de por qué se está produciendo el movimiento contrario. Si no hay SIP, es bastante improbable que este lo sea. Determina si el movimiento de un valor se debe al sentimiento general del mercado o a una causa subyacente específica. Este es otro criterio clave a tener en cuenta al operar durante el día, especialmente al seleccionar SIP para operar durante el día.

Se debe realizar más investigación al respecto. Como trader novato, es posible que descubras que necesitas realizar un poco más de investigación de la que estás acostumbrado a hacer.

Cuando hayas adquirido suficiente experiencia como trader diario, podrás determinar si un valor en particular está siguiendo la tendencia general del mercado o se está moviendo por una causa específica.

Los traders diarios que lo hacen como medio de vida se llaman "traders diarios profesionales" y se llaman a sí mismos "traders diarios". El día de operaciones a veces se pasa por alto como una especie de juego recreativo o como una forma de obtener una "alta" de las apuestas. Es casi seguro que incurras en pérdidas financieras si no tienes comprensión del mercado y de los principios que lo rigen.

Piensa en ti mismo como un profesional capacitado.

Cuando está bien desviarse del guion: aunque ser fiel a tu plan de operaciones a pesar de que tus sentimientos te dicen lo contrario es una de las características distintivas de un trader exitoso, esto no implica que debas hacerlo en todo momento. Sin lugar a dudas, habrá ocasiones en las que te encuentres en una situación en la que algo que está fuera de tu control hace que tu estrategia sea absolutamente ineficaz. Debes tener una conciencia suficiente de las fallas en tu plan y de las circunstancias cambiantes del mercado para reconocer cuándo adherirte a tu curso de acción preestablecido resultará en un fracaso en lugar de un éxito. Distinguir cuando una situación está mejorando y cuando tus emociones están tratando de tomar el control lleva esfuerzo, pero la simple conciencia de que hay una diferencia entre ambas es un paso significativo hacia adelante.

Las operaciones ejecutadas fuera del dinero deben evitarse a toda costa.

Es cierto que hay ciertas técnicas que dan una gran importancia a la compra de opciones que actualmente están fuera del dinero; sin embargo, estas estrategias son la excepción más que la norma en lo que respecta al comercio de opciones. Al negociar opciones basadas en activos subyacentes, es importante recordar que el mercado de opciones es diferente al mercado de valores tradicional. Dado que el mercado de opciones no es igual al mercado de valores, no es una estrategia práctica comprar barato y vender caro. Si una opción ha salido del dinero, generalmente hay menos del 10 por ciento de posibilidad de que se recupere a niveles aceptables antes de la fecha de vencimiento de la opción. Esto indica que comprar este tipo de opciones es poco más que apostar, y hay otras formas de apostar con probabilidades significativamente mayores a tu favor que el 10 por ciento.

Recuerda tu primera táctica, pero no te permitas estar demasiado conectado a ella: sin embargo, esto no implica que sea la única técnica que necesitarás. Tu estrategia principal de trading debe ser lo suficientemente flexible como para modificar y adaptarse cuando las condiciones alrededor de tus hábitos de trading atraviesen un período de cambio y desarrollo. Además, en algún momento querrás desarrollar planes complementarios más específicamente adaptados a circunstancias de mercado particulares o estrategias distintivas aplicables solo en un número limitado de escenarios que se apartan de tu estrategia principal. Estos planes serán eventualmente necesarios. Ten en cuenta que tu nivel de ganancias total será mucho mayor si comienzas cada día de trading mejor preparado que el día anterior.

Aprovecha el margen a tu favor.

Si no te opones completamente a correr riesgos, la estrategia más efectiva para beneficiarte de las operaciones inesperadamente beneficiosas es utilizar un spread, lo que protegerá tus activos existentes al tiempo que te permitirá obtener ganancias. Para usar un spread largo, primero debes producir dos opciones: una de compra y otra de venta, ambas con el mismo activo subyacente, fecha de vencimiento y tamaño de participación, pero con precios de ejercicio considerablemente diferentes. La opción de compra requerirá un precio de ejercicio más alto para representar el límite superior de tus ganancias, mientras que la opción de venta necesitará un precio de ejercicio más bajo para representar el límite inferior de tus pérdidas. Ambos precios se conocen como "precio de ejercicio". Debido a que hacerlo de manera intermitente podría introducir otros componentes en la fórmula difíciles de compensar, es esencial adquirir ambos lados de un spread al mismo tiempo. Nunca tomes ninguna acción hasta determinar primero cómo percibe el mercado la situación: antes de comenzar las transacciones del día, es importante evaluar la disposición del mercado, incluso si siempre es ideal utilizar una estrategia de trading adaptada específicamente a tus necesidades. Para empezar, es importante tener en cuenta que el deseo general de todos los participantes actuales en el mercado es tan influyente como cualquier cosa más específica, como noticias de mercado.

Ten esto en cuenta en todo momento. Es posible que los precios de los servicios vinculados caigan incluso si las empresas comparten noticias esperanzadoras con varios canales de medios y luego esas noticias resultan ser menos positivas de lo que todos esperaban.

Conoce las cifras diarias promedio que son típicas para tu mercado y estate atento a una caída repentina en esos números si deseas tener una imagen clara de cómo se comporta el mercado en este momento. Esto te ayudará a determinar si el mercado se dirige en la dirección correcta. Aunque se esperan uno o dos días de extrema volatilidad, cualquier cosa más allá de eso debería ser una señal de advertencia de que algo no está bien. Además de esto, asegúrate de estar constantemente informado sobre lo que están haciendo las principales corporaciones en tu campo.

Antes de comenzar a operar, es vital tener una estrategia de entrada y salida bien definida, incluso si los riesgos son muy bajos. Encontrar tu primer conjunto de puntos de entrada y salida por ti mismo, sin la ayuda de un profesional, puede ser desafiante, pero es esencial que lo hagas antes de comenzar a operar. Si comienzas el juego sin tener un entendimiento completo de las reglas y el campo de juego, hay una gran posibilidad de que termines perdiendo todo tu dinero. Si no estás seguro de qué restricciones establecer, comienza con un par de puntos que no sean específicos para nada en particular y avanza desde allí.

El establecimiento de puntos de entrada y salida es esencial, pero ponerlos en práctica es de mucha mayor importancia, especialmente si todavía hay dinero por ganar. Uno de los obstáculos más difíciles para los traders de opciones novatos es la creencia de que cada gran transacción debe ser explotada al máximo posible. Dado que la verdad es que siempre habrá más transacciones rentables en el futuro mientras tengas una estrategia de trading rentable, debes preocuparte más por proteger las ganancias que la operación ya ha generado en lugar de preocuparte por una ganancia adicional pequeña. Esto se debe a que la verdad es que siempre habrá más transacciones rentables en el futuro. Puedes ganar un poco más de dinero si ignoras este consejo de vez en cuando, pero las probabilidades son que perderás mucho más de lo que ganas cuando las ganancias aumenten y luego disminuyan antes de que puedas tomar la decisión adecuada. Si aún tienes dificultades para entender esta idea, considera lo siguiente: operar con opciones es más como una maratón que como una carrera corta; por lo tanto, los traders pacientes y consistentes siempre saldrán adelante.

Nunca te des otra oportunidad para tener éxito.

Muchos nuevos traders de opciones se encontrarán en una situación en la que la mejor manera de recuperar una pérdida significativa es duplicar la apuesta en el activo subyacente a su precio más reciente y significativamente más bajo con la esperanza de obtener ganancias bajo la suposición de que las cosas mejorarán, y luego seguir haciéndolo hasta que todo sea completamente rentable una vez más. Esta es la mejor manera de recuperar una pérdida significativa porque le brinda al trader la oportunidad de obtener ganancias bajo la suposición de que las cosas mejorarán. Aunque puede ser difícil renunciar a un activo subyacente que era anteriormente extremadamente lucrativo, duplicar la apuesta casi nunca es una opción sabia y se debe evitar a toda costa.

Ya sea que te encuentres en una situación en la que no estés seguro de si la transacción que estás a punto de realizar será buena o no, pregúntate a ti mismo si tomarías la misma decisión si estuvieras a ciegas. Si la respuesta es sí, entonces debes proceder con la transacción. Deberías poder aprender todo lo que necesitas saber de la respuesta.

Necesitarás el valor para calmarte y reducir tus pérdidas tanto como sea posible en las circunstancias existentes si te encuentras en un escenario en el que duplicar parece ser la mejor alternativa. Si puedes cortar tus pérdidas y pasar rápidamente a una operación que haya ido en tu contra, es posible que puedas dirigir tus esfuerzos y recursos hacia una transacción diferente que aún tenga el potencial de ser rentable para ti.

No es necesario tomarse nada demasiado en serio.

Como seres humanos, tenemos un impulso innato de construir conexiones con cosas inanimadas, como acciones individuales y pares de divisas, contando historias sobre ellas. Esta tendencia se extiende a todas las formas de cosas inanimadas. Debido a esto, es completamente normal establecer una conexión mayor con ciertas transacciones e incluso contemplar abandonar tu estrategia si una de ellas se hunde. Esta es una de las razones por las cuales es completamente natural construir una conexión más grande con transacciones específicas. Sin embargo, pensar en algo y actuar sobre ello son dos cosas completamente diferentes; por eso es tan importante ser consciente de estas inclinaciones para evitarlas a toda costa. Pensar en algo y actuar sobre ello son dos cosas completamente diferentes.

Esto es una ocurrencia común, y el resultado es el mismo cada vez, independientemente de la dirección en la que progresen las transacciones, ya sea que suban o bajen. Si un negocio es exitoso y no muestra señales de desaceleración, podrías sentirte obligado a mantener una transacción abierta durante mucho más tiempo de lo que normalmente habrías considerado. Esto podría ser un error. En circunstancias como esta, es mejor vender la mitad de tus acciones y luego establecer un nuevo objetivo basado en los hechos más recientes para garantizar que puedas tener tu pastel y comértelo también.

No estás tomando en serio las decisiones que has tomado con tus corredores.

Debido a que hay tantos factores a tener en cuenta, es fácil entender por qué muchos traders de opciones principiantes simplemente eligen el primer corredor que encuentran y comienzan a operar de inmediato. Sin embargo, el corredor que elijas tendrá una influencia significativa en toda tu experiencia de trading; por lo tanto, tomar la decisión adecuada es esencial si quieres tener la mejor experiencia posible. Esto indica que lo primero que debes hacer es adentrarte en la superficie de su sitio web, que está diseñado para ser atractivo, para aprender más sobre los servicios y productos que ofrecen. Ten en cuenta que, aunque es fácil crear un sitio web atractivo a la vista, es mucho más difícil llenarlo con contenido auténtico cuando tienes la intención de hacer algo perjudicial.

Esto requiere, ante todo, realizar una investigación sobre el rendimiento pasado de la empresa en el área de servicio al cliente para asegurarse de que no solo traten a sus clientes de manera aceptable, sino que también la calidad del servicio que brindan sea adecuada. Cuando estás en medio de negociar una transacción, cada segundo cuenta, así que si te encuentras necesitando asistencia de tu corredor, debes estar seguro de que hablarás con alguien que pueda encontrar una solución a tu problema en el menor tiempo posible. Llamarlos y medir cuánto tiempo tardan en contestar el teléfono es la manera más confiable de determinar la calidad de su servicio al cliente. Si se te exige esperar más de un día hábil, deberías considerar buscar en otro lugar, ya que si no están interesados en ganar un nuevo cliente, imagina lo terrible que será el servicio después de que te tengan donde quieren que estés.

Después de ocuparte de esto, lo siguiente que necesitarás hacer es pensar en los costos que el corredor cobrará por sus servicios a cambio de esas tarifas. Dado que no hay prácticamente control sobre estos precios, hacer algunas comparaciones seguramente será rentable. Además de las tarifas, los mínimos de cuenta y cualquier otro costo asociado con sacar dinero de la cuenta también son algo que debe tenerse en cuenta. Encuentra a un mentor que te guíe.

Cuando se trata de pasar de ser un trader que se aventura en el mercado ocasionalmente a uno que opera de manera rentable de manera constante, hay solo tanto que se puede aprender por sí mismo antes de que necesites la ayuda de un tercero que pueda proporcionar una perspectiva objetiva para asegurarse de que estás siguiendo el camino correcto. Es posible que conozcas a esta persona en la vida real o que te hayas conectado con ella a través de internet. La clave es encontrar a otra persona o dos con las que puedas intercambiar ideas y aprender de la experiencia de los demás. Operar con opciones no tiene por qué ser una tarea individual; aprovecha todas las herramientas que tienes a tu disposición.

Capítulo Dos

Las Cosas que Necesitas Saber ¿Alguna Vez Has Pensado en Emplearte en el Day Trading? Realmente necesitas darle a este tema mucha atención reflexiva.

Si no estás seguro de si estás realmente dedicado a una carrera como day trader, se recomienda que te hagas las preguntas que se presentaron en la sección anterior. Debes ser consciente de que trabajarás largas horas y que no tendrás tiempo libre para días festivos o vacaciones, ya que eres tu propio jefe y trabajas para ti mismo. Esto es algo para lo que necesitas estar preparado porque trabajas para ti mismo. También debes asegurarte de no ser una persona fácilmente estimulada emocionalmente. Esto va de la mano con el punto anterior. Puedes contar prácticamente con el hecho de que en algún momento de tu vida laboral, cometerás un error financiero relacionado con una inversión en el mercado de valores y perderás dinero como resultado. Esto puede suceder en cualquier momento. No hay forma de evitar esta necesidad dada la estructura del juego, que hace imposible no hacerlo. Por otro lado, si eres una persona sentimental que sufre una pérdida financiera significativa y luego te pones triste, puedes estar seguro de que tomarás decisiones equivocadas en los días y semanas que sigan. Esto se debe a que estarás emocionalmente afectado. En una vena relacionada, habrá momentos en los que obtendrás una gran cantidad de dinero, y es natural que te sientas eufórico y con ganas de hacer más inversiones y producir más. Esto se debe a que es natural que te sientas eufórico cuando obtienes una gran cantidad de dinero. El término "codicia" se refiere a este tipo de comportamiento, que puede tener consecuencias muy adversas en la vida de uno. Debes ser capaz de mantener la calma y la compostura frente a la adversidad si quieres tener éxito como day trader. También debes ser capaz de eliminar la emoción del proceso de toma de decisiones, adherirte a tu estrategia de trading y mantener los pies en la tierra. Si no eres este tipo de persona o no puedes establecer esta mentalidad en ti mismo, generalmente el day trading no es algo en lo que debas embarcarte como un curso de acción. Entender tu Situación Financiera Actual Antes de siquiera considerar aventurarte en el mundo del day trading, debes tener un buen control de tu situación financiera actual. Operar durante el día no es algo que debas ni siquiera pensar en hacer si tienes facturas impagas u otras obligaciones financieras que deben cumplirse antes de comenzar a operar. Si el rendimiento que obtienes de tus activos es solo del 5 por ciento, estarás en números rojos financieramente si tienes un préstamo o tarjeta de crédito con una tasa de interés del 20 por ciento, ya sea que la tasa de interés sea variable o fija. En cambio, debes asegurarte de haber cumplido con todas tus obligaciones financieras antes de comenzar a organizar tus fondos. Esto debe hacerse antes de comenzar a hacer planes con tu dinero. Cuando comienzas a invertir, descubrirás que hacerlo no solo te ayuda a aumentar tus ingresos, sino que también reduce la cantidad de interés que debes pagar en tus tarjetas de crédito y otros tipos de deudas. Esto es algo que notarás tan pronto como hagas tu primera inversión. Cuando hayas alcanzado un punto en el que tu negocio está generando ganancias, es hora de comenzar a considerar otras formas en las que podrías obtener más dinero. Esta es la cantidad inicial de dinero que pondrás en una inversión que hayas decidido hacer. Depende completamente de ti encontrar una respuesta a esta pregunta, ya que tiene una variedad diversa de posibles respuestas. Puedes comenzar con una pequeña inversión, como $5,000, y eventualmente llegar a hacer del day trading tu empleo a tiempo completo. Con el tiempo y a medida que acumulas más ingresos, podrías comenzar a considerar la posibilidad de convertir el trading en tu empleo a tiempo completo. Por otro lado, podrías sentir la tentación de ahorrar una gran cantidad de dinero para poder dejar tu trabajo e invertir de inmediato. Sin embargo, no se recomienda que hagas esto, ya que no tendrás ninguna experiencia previa en el área de la inversión. Es mejor comenzar a operar con una cantidad modesta de dinero para que puedas aprender las cuerdas y luego expandir gradualmente tu inversión a medida que ganas experiencia en el trading. Esto es cierto incluso si tienes una suma considerable de dinero disponible; sin embargo, es mejor comenzar a operar con una cantidad modesta de dinero. Si deseas operar a tiempo completo, Van Tharp, quien es ampliamente considerado como uno de los mejores day traders del mundo y es el autor del libro "Trade Your Way to Financial Freedom", recomienda que tengas alrededor de cien mil dólares disponibles para comenzar a operar. Si quieres tener éxito en el day trading, debes asegurarte de tener siempre un saldo de cuenta de trading que esté cerca de los diez mil dólares.

El último consejo financiero sensato es apartar dinero en un fondo de emergencia para cubrir cualquier costo inesperado. Esto requiere la apertura de una cuenta de ahorros, depositar una suma equivalente a tres meses de gastos de vida en la cuenta y luego no hacer nada más con el dinero.

Esto significa que mientras estás operando, siempre tendrás este dinero disponible como red de seguridad en caso de que te encuentres en una situación financiera desafiante en cualquier etapa del proceso. Debes tener en cuenta, sin embargo, que esta cuenta no está diseñada para ser utilizada para operar o invertir de ninguna manera. Esto es muy esencial. No quieres encontrarte en una situación en la que no te quede dinero si estás experimentando una seria racha de pérdidas y necesitas dinero para cuidar de ti mismo y tu familia. Este es el peor escenario. Dado que querrás evitar un desastre financiero a toda costa, una cosa que debes hacer es prepararte lo máximo posible.

Familiarízate con todo lo que necesitas saber antes de comenzar a operar acciones en el mercado de valores.

Si quieres ser un day trader, necesitas tener una fuerte pasión o entusiasmo por el mercado de valores, o al menos el deseo de aprender sobre él. Si no tienes una de estas cosas, no serás exitoso. Esto es algo que no debería necesitar ser dicho explícitamente, pero es esencial tenerlo en cuenta. Para tener éxito en el mercado de valores, necesitas conocer las horas durante las cuales el mercado está abierto para operar, así como comprender los procesos y sistemas que componen el mercado de valores.

Deberías estar interesado en el nicho o industria en la que deseas operar, y deberías estar apasionado por ello, porque necesitarás estar al tanto de las noticias al respecto, leer artículos y libros al respecto, y pasar tiempo viendo entrevistas y aprendiendo sobre estas empresas del mercado de valores en cuanto a cómo operan y qué están haciendo a diario. Por eso necesitarás pasar tiempo viendo entrevistas y aprendiendo sobre estas empresas del mercado de valores. Si quieres tener éxito en el trading, necesitas tener un fuerte interés en el mercado o la industria específica en la que deseas participar, así como un fuerte entusiasmo por ese mercado o sector.

También necesitarás estar familiarizado con las acciones, tanto en términos de lo que son y cómo comerciar con ellas, así como las numerosas otras opciones de trading disponibles, como fondos cotizados en bolsa, opciones, futuros y fondos mutuos. Esto es necesario para que tengas éxito en el mercado de valores. Aunque repasaremos cada uno en muy poco tiempo en la tabla que sigue, es extremadamente importante que dediques tiempo a aprender sobre cada uno antes de implementar una estrategia de trading o invertir en alguno de ellos.

Acciones. Cuando la propiedad de una corporación u otra organización se divide en acciones individuales, las acciones individuales de propiedad se denominan "acciones". Las "acciones" son lo mismo que las "participaciones". El porcentaje de propiedad de una empresa que representa una sola acción puede expresarse como una fracción cuando se compara con el total de acciones de esa acción en particular respecto al total de acciones. Los ETF, que significa fondos cotizados en bolsa, son un tipo de fondo mutuo que se negocia en el mercado de valores. En forma más corta, se denominan MTF. El término "fondo cotizado en bolsa" puede abreviarse como "ETF", que significa todo el término. Los fondos cotizados en bolsa, comúnmente conocidos como ETF, son un tipo de vehículo financiero que opera de manera bastante similar a las acciones en el sentido de que se negocian en mercados de valores y bolsas de todo el mundo. Los fondos cotizados en bolsa, comúnmente conocidos como ETF, son un tipo de índice que está compuesto por una amplia gama de activos y valores. Estos activos y valores incluyen acciones, así como fondos especiales y fondos de materias primas.

La palabra "opciones" se refiere a un contrato que le da a un comprador el derecho de comprar o vender cualquier activo subyacente; sin embargo, esto no significa que el comprador esté obligado a comprar o vender realmente el activo. El nombre de este tipo de contrato es una opción. Por otro lado, las opciones proporcionarán un precio que debe ser válido ya sea antes o en la fecha que se define en el contrato de opción. Esta necesidad debe cumplirse para que la opción se considere legítima.

Un contrato de futuros es un tipo de contrato que se refiere a un acuerdo legal que implica la compra y venta de algo a un precio fijo, en un momento específico y en una fecha determinada. El precio, el tiempo y la fecha de la transacción también se especifican en el contrato. Otro nombre para los contratos de derivados es el término más común "contratos de futuros". Por otro lado, estas precauciones se considerarán como una ventaja a pesar de que se mantendrán ocultas de las personas involucradas. Esto ocurrirá a pesar de que se mantendrán en secreto.

Un fondo mutuo, a veces abreviado como "FM", es un tipo de inversión que se puede realizar. Una forma de pensar en los fondos mutuos es como carteras de inversión que son administradas en nombre del inversionista por un proveedor financiero profesional. Estos servicios tienen como objetivo adquirir acciones, participaciones y otros activos como los mencionados en esta tabla, agrupando el dinero donado por varias personas diferentes. Esta tabla contiene ejemplos de acciones, participaciones y otros activos.

Metales Preciosos y Oro (y a veces otros metales preciosos) son un activo comercial para el metal precioso oro, que se guarda en bancos de todo el mundo. También se pueden incluir otros metales preciosos. El oro es el metal precioso con el valor de mercado más alto.

Eminis son un tipo de contrato de futuros que sigue el mercado del índice bursátil S&P 500. Estos contratos se negocian electrónicamente. La negociación de estos contratos se realiza a través de Internet. Además de estos nombres, también se le conoce a menudo como el E-Mini, el ES y simplemente el Mini.

Criptomonedas. Esta es una frase amplia que se refiere al proceso de comprar y vender criptomonedas en diferentes bolsas de valores en todo el mundo. Esta actividad se puede llevar a cabo de forma individual o como parte de una transacción grupal según tu preferencia.

La práctica de comprar y vender monedas a nivel mundial a través del proceso de intercambio de una moneda por otra y luego continuar comerciando de esta manera se conoce como mercado de divisas, o forex en resumen. Esta práctica también se conoce comúnmente como forex.

Pon a prueba tus conocimientos en presupuestos personales y planificación financiera aquí.

Antes siquiera de pensar en estar listo para operar acciones, debes reflexionar sobre cuán efectivamente puedes gestionar tu propio dinero. Aunque esta sea la última cosa en la lista, de ninguna manera es la menos importante. Si en este momento te felicitas por lo bien que manejas tus finanzas y piensas para ti mismo, "sí, mis habilidades de gestión del dinero son bastante excelentes", deberías retroceder y considerar formas en las que puedas mejorar tus habilidades en esta área. Porque siempre hay espacio para mejorar y siempre lo habrá, querrás y necesitarás estas mejoras si vas a ser un day trader.

Considera las repercusiones. ¿Cuánto dinero planeas invertir al principio si tienes un capital inicial de cien mil dólares y utilizas una estrategia que ha sido probada y tiene una tasa de éxito del sesenta por ciento? ¿Qué pasa si haces cuatro operaciones y ninguna de ellas resulta a tu favor y terminas perdiendo dinero como resultado? Si fueras a invertir tu dinero, ¿dónde verías el mayor rendimiento de tu inversión?

Al participar en cualquier tipo de trading, generalmente es recomendable comenzar con una pequeña inversión y aumentarla gradualmente con el tiempo. Esto se aplica tanto al trading en línea como al offline. Tu primera transacción no debería incluir la adquisición de una acción con un valor total de cien mil dólares y esperar lo mejor. Esta no es una estrategia inteligente y debe evitarse a toda costa. Es concebible que pueda ser rentable, pero si tomas este tipo de riesgo con tu primera inversión, puedes apostar que te costará mucho en el futuro. Es posible que pueda ser rentable.

Además de tus habilidades para manejar dinero, deberías priorizar desarrollar tu capacidad para dar un paso atrás y tomar decisiones desde una posición de fortaleza. Esto es algo en lo que deberías concentrarte en cultivar. Necesitas ser capaz de tomar decisiones informadas con respecto a las muchas alternativas de inversión que tienes disponibles, así como de cómo gestionar efectivamente los fondos que has apartado específicamente para tus inversiones. Incluso si la tasa de éxito de tu enfoque es solo del treinta por ciento, si eres excelente en el manejo de tus finanzas, aún tienes la oportunidad de ganar una cantidad considerable de dinero. Esto se debe a que tienes la oportunidad de ganar dinero incluso si tu estrategia falla el 70 por ciento del tiempo.

Si tienes todas estas partes de tu vida en orden y has hecho las preparaciones necesarias, estarás un paso más cerca de comenzar una carrera en el day trading. Antes de sumergirnos en lo que necesitas hacer y comenzar a invertir, hay una cosa más de la que necesitamos hablar, y es cómo establecer tu actitud de day trading.

Tu decisión de participar en el trading plantea la pregunta: ¿por qué? Es muy simple: la única razón para participar en el trading es aumentar tu posición financiera. ¿Por qué operas? A medida que nuestra discusión llega a su conclusión, quiero llamar tu atención sobre algo muy significativo que debes tener en cuenta.

Aunque la respuesta "ganar dinero" pueda parecer clara o incluso evidente, la mayoría de las personas aún operan por razones equivocadas, incluso si saben que es un error. Es posible que estén bajo la idea de que el trading les ayudará a ganar dinero, pero es evidente por las acciones que realizan que tienen otros objetivos en mente. Nunca pierdas de vista el hecho de que tú mismo eres la indicación más significativa.

Si realmente estás decidido a obtener ganancias a través del trading, la siguiente pregunta que inevitablemente surgirá es cómo... ¿Cómo se alcanza exactamente tal objetivo mientras se trabaja en la industria del trading?

La solución es llevar a cabo transacciones comerciales siguiendo las pautas y limitaciones dadas por una estrategia de trading definida de antemano. Una técnica de trading que tenga un historial de ser rentable puede ayudarte a construir patrimonio en tu cuenta incluso si tus ganancias y pérdidas están completamente a merced del azar. Te proporciona algunas pautas a seguir, que luego puedes demostrar a ti mismo.

Cuando operas con el objetivo de generar dinero, debes evitar realizar operaciones aleatorias que no formen parte de una estrategia de trading que hayas desarrollado de antemano. No es en absoluto comparable con la otra opción. ¿Por qué? Somos comerciantes, después de todo. Es una de las áreas en las que destacamos más. Actualmente estamos abiertos a oportunidades comerciales. ¿Qué sucede si terminas ganando una operación gracias a un golpe de suerte? ¿No hay otra operación que aún deba tener lugar? Tu enfoque de trading probado y verdadero te proporcionará una ventaja sobre otros traders, que es el primer paso esencial para obtener ganancias. Debido a que las operaciones aleatorias no pueden revelar si tienes una ventaja porque son aleatorias, no sabrás si tenías una ventaja hasta después del evento, momento en el que muy probablemente descubrirás que no tenías una ventaja. Esto se debe a que las operaciones aleatorias no pueden revelar si tienes una ventaja porque son aleatorias. Después de ese punto, no habrá más opciones. Este es el factor principal que contribuye a que los informes se exageren más allá de cualquier proporción razonable.

Si quieres tener éxito en el trading, tus comportamientos deben mostrar que te tomas en serio el empeño y estás comprometido a obtener ganancias. En el caso de que no lo hagan, es probable que estés tratando con ellos por razones que no comprendes completamente. Te estás conectando con ellos por razones que no comprendes completamente. Tendrás que abordar este problema si quieres entender la verdadera motivación detrás de por qué las personas operan, que es generar ingresos para sí mismos. Si no haces nada, el mercado te proporcionará algo más, lo cual casi con seguridad no te gustará. Si no haces nada, el mercado te proporcionará algo más.

El acto de controlar los riesgos potenciales es lo que se debe referir como "gestión de riesgos." Porque el objetivo de cualquier trader exitoso es generar una ganancia, si quieres ser un trader competente y también exitoso, necesitas adquirir las habilidades necesarias para gestionar eficazmente los riesgos asociados con tu trading y proteger las ganancias que obtienes. Tu nivel de éxito como trader estará vinculado, en una relación directa e inversa, a cuán eficazmente puedes gestionar los riesgos que están involucrados. Prepárate para que te vuele la cabeza, porque voy a compartir contigo ideas y tácticas para la gestión de riesgos que son fáciles de entender pero increíblemente poderosas. Prepárate para que te vuele la mente.

Desarrolla un plan de trading para ti mismo. Se informa que Sun Tzu, estratega militar chino, alguna vez comentó: "Cada batalla se gana antes de ser librada". Esta famosa cita puede entenderse como que la preparación cuidadosa y el pensamiento estratégico son de la más alta importancia en el mundo de los negocios. No se puede ignorar la necesidad de prepararse con antelación. Un antiguo adagio chino da el consejo, "Planifica la operación y opera el plan", que también se puede expresar como "planifica la operación y opera el plan". Tu nivel de preparación determinará si tu transacción comercial es exitosa; un trader hábil nunca entraría en una operación sin planificarla cuidadosamente, lo que incluiría identificar posibles pérdidas futuras, evaluar riesgos potenciales y reconocer ganancias futuras posibles.

Tu plan debe ser lo suficientemente flexible como para actualizarse en respuesta a las fluctuaciones del mercado, y tu nivel de tolerancia al riesgo debe incorporarse en él. Una estrategia debe estar escrita de manera clara y básica. Para que tengas una buena estrategia de trading, tendrás que realizar las siguientes cosas:

- Evaluar tus habilidades y talentos. Deberías poder realizar una evaluación honesta de ti mismo en esta área para que puedas evaluar si estás preparado o no para participar en el trading. Debes hacerte una pregunta muy esencial, que es "¿Estás dispuesto a operar?" para prepararte adecuadamente para esta situación. ¿En qué medida crees que un determinado mercado seguirá prosperando? ¿Has probado tu técnica operando con dinero ficticio para ver cómo se desempeña? (El paper trading es una forma de practicar compras y ventas sin tener que arriesgar dinero real; a menudo se realiza utilizando plataformas de trading en línea como Paper Money e Investopedia). ¿Con qué grado de certeza tienes de que tu método será efectivo cuando se implemente en condiciones reales de trading? ¿Eres rápido para reconocer y responder a las señales que te ofreces a ti mismo? Es imposible exagerar lo importante que es prepararse mentalmente. Si quieres ser un buen trader, debes asegurarte de estar emocional y mentalmente preparado para las responsabilidades que tienes por delante, así como para cualquier evento que pueda surgir y cualquier cambio que pueda ocurrir en el mercado. Si quieres ser un buen trader, debes asegurarte de estar emocional y mentalmente preparado para las responsabilidades que tienes por delante, así como para cualquier evento que pueda surgir y cualquier cambio que pueda ocurrir en el mercado. Debes hacer todo lo posible para asegurarte de que tu área de trading esté lo más libre de interrupciones posible. Si emocionalmente no puedes funcionar normalmente, date el día libre, busca algo que te relaje y asegúrate de hacer ejercicio. El trading requiere un gran nivel de trabajo mental; por lo tanto, participar en actividades como estas ayuda a mantener tu cerebro en forma para el próximo desafío.

Deberías preparar un mantra de mercado para ti mismo antes de comenzar a operar durante el día. Un mantra de mercado es un término o frase único que te pone en la mentalidad para operar. Elige un nivel de riesgo. La respuesta a esta pregunta te dirá qué porcentaje de tus activos deberías arriesgar en una operación. Tu cartera de inversiones está compuesta por una amplia variedad de activos, que incluyen efectivo, materias primas y equivalentes de efectivo, además de activos financieros como acciones, bonos y divisas. Esto varía según cómo operes y qué tan cómodo estés con asumir riesgos; pero, en cualquier día de operaciones, esta proporción de tu cartera debería estar entre el 1 por ciento y el 5 por ciento. Si pierdes parte de tu dinero en un solo día, deberías salir del mercado lo antes posible y guardar tu dinero hasta un momento en que el mercado sea más favorable. Ten en cuenta la regla del uno por ciento. Según la regla del uno por ciento, nunca deberías invertir más del uno por ciento de tu dinero o cartera en una sola transacción o mercado. Esta regla sugiere que nunca deberías invertir más del uno por ciento de tu dinero en un solo mercado. Esto indica que no deberías invertir más de $100 en una sola transacción, incluso si tienes $10,000 disponibles en tu cuenta de trading en cualquier momento. Los traders que tienen un saldo de cuenta de menos de $100,000 son quienes más a menudo utilizan esta estrategia. Otros participantes del mercado pueden llegar a la conclusión de aumentar la tasa hasta el 2 por ciento. Realmente depende de dónde estés en las clasificaciones y cuánto dinero tengas en tu cuenta. La acción más prudente sería mantener la regla en o por debajo del 2 por ciento. Establecimiento de Puntos de Ganancia y Stop-Loss Un punto de stop-loss se alcanza cuando un trader toma la decisión de vender una acción con pérdidas para proteger su cartera general. El trader a menudo se encuentra en esta situación cuando su posición en el mercado no funciona según lo planeado. El valor de mercado de la acción cae significativamente por debajo de las expectativas establecidas, lo que obliga al trader a venderla antes de que caiga aún más. El punto de toma de ganancias se refiere al precio en el que un trader venderá una acción para obtener ganancias de la transacción. Cuando se acerca un período de consolidación, los traders a menudo venden sus posiciones. Cómo Mejorar la

Eficiencia de tus Puntos de Stop-Loss
Los puntos de stop-loss necesarios para obtener ganancias se generan mediante el uso de análisis técnico, pero la investigación fundamental también es a veces útil. Las líneas de tendencia de resistencia se pueden usar para determinar dónde colocar órdenes de stop-loss y niveles de toma de ganancias. Esto se logra conectando y comparando máximos y mínimos anteriores. Deberías intentar cubrir tus apuestas diversificando tus activos. Tanto la cobertura como la diversificación son similares al viejo proverbio que aconseja no poner todos los huevos en una sola canasta. Si eliges invertir todo tu dinero en una sola acción, te estás sometiendo a una cantidad significativa de riesgo. Como resultado directo de esto, deberías diversificar las inversiones en tu cartera. Es posible que necesites cubrir una posición específica en algún momento debido al estado del mercado de valores. Necesitas ser capaz de juzgar cuándo es apropiado unirte a una

transacción y cuándo es el momento de alejarte de una. Una orden de stop-loss es un tipo de orden que puede ayudar a los traders a limitar sus pérdidas. Es mejor tener todo listo de antemano. Riesgos del Day Trading Antes de ingresar al mercado, necesitas tener un sólido entendimiento de la multitud de posibles desventajas para convertirte en un trader exitoso. Las siguientes categorías se han establecido para los riesgos: Riesgos del Mercado Es esencial para tu éxito que tengas un sólido entendimiento de las tendencias en el sector industrial. Si puedes mantener un seguimiento de cuándo el mercado sube y baja, además de los riesgos asociados, es posible que puedas preservar mejor tus ganancias. Aquí hay algunos ejemplos de riesgos del mercado: Existe el potencial de inflación. Cuando es imposible predecir el valor de una inversión en el futuro, este es un ejemplo de inflación. Por otro lado, la deflación puede conducir a mayores rendimientos y rentabilidad para tu empresa. Las influencias inflacionarias a menudo resultan en una disminución de los ingresos y ganancias esperados. Esto también sugiere que la demanda de acciones y materias primas crecerá en proporción a sus crecientes precios. Como resultado directo de esto, necesitas asegurarte de que tu estrategia tenga en cuenta posibles cambios en el mercado. Otra fuente de preocupación es la comercialización. Esto indica cuán rápido puedes obtener ganancias vendiendo tu inversión. Si hay alguna resistencia o retraso en comercializar o promocionar efectivamente tu negocio, tu mercado objetivo será de poca utilidad. Si inviertes en una pequeña empresa cuyas acciones no están listadas en ninguna de las principales bolsas de valores, corres el riesgo de ver cómo tu dinero se va por el desagüe. El intercambio de divisas está lleno de peligros. Cuando haces negocios con naciones extranjeras, a menudo te encuentras en situaciones en las que los valores de tu moneda local y la moneda de tu socio comercial internacional difieren. Incluso si el valor de tu acción o inversión sube, aún puedes terminar perdiendo dinero debido a la disparidad en las tasas de cambio de moneda que existen entre las dos naciones. En el caso de que el valor de tu moneda local disminuya en comparación con el valor de la otra moneda, la tasa de rendimiento de tu inversión puede ser bastante alta. Riesgos de Inversiones Esto se relaciona con la gestión de tus finanzas y la manera en que ingresas y sales de las operaciones. Los dos tipos de peligros son: Los peligros que vienen al pasar por alto oportunidades. Porque tu dinero ya está invertido en tu empresa actual, al tomar este tipo de riesgo de inversión, te impide invertir en otros proyectos que podrían proporcionar un rendimiento más alto a tu dinero. Perderás muchas oportunidades excelentes porque tu dinero está siendo retenido por otra cosa. Riesgos Asociados con la Concentración Esto ocurre cuando una persona invierte todo su dinero y todo su trabajo en una sola transacción, en la posibilidad de que crean haber identificado la transacción que los convertirá en millonarios. Como resultado directo de esto, pones todos tus activos en juego y te expones a la posibilidad de perder todo en caso de que se materialicen alguno de los posibles peligros que podrían ocurrir durante la transacción. Tomar Riesgos Los traders de swing a menudo están expuestos a los riesgos asociados con el trading, algo de lo que cada trader debería ser consciente. Necesitas ser consciente de ellos porque, parafraseando un conocido refrán, "el conocimiento es poder". Tendrás más control sobre cualquier amenaza potencial que pueda aparecer en el futuro como resultado de hacer esto. La siguiente es una lista de algunos de los riesgos más comúnmente encontrados relacionados con el trading: Existe la posibilidad de que caigas.

Este riesgo pone de manifiesto la posibilidad de que el trader pueda incurrir en cargos ocultos en relación con cada transacción que realice. Se retira una pequeña cantidad de dinero de tu cuenta cada vez que participas en una transacción o la dejas en curso, respectivamente. También debes saber que el precio de venta siempre es menor que el precio de oferta cuando compras una acción al precio de venta, que es el precio más bajo disponible para la acción que deseas, y la vendes al precio de oferta, que es el precio más alto que alguien está dispuesto a pagar por tus acciones. Cuando compras una acción al precio de venta y la vendes al precio de oferta, el precio de venta es siempre menor. Cuando comienzas a operar, el monto total de cada transacción puede no parecer mucho. Sin embargo, a medida que mejoren tus habilidades de trading, la cantidad de dinero que pierdas inevitablemente aumentará.

Existe la posibilidad de una ejecución deficiente. Este riesgo se materializa en el caso de que tu broker no pueda completar tu transacción debido a circunstancias de mercado volátiles, disponibilidad limitada de acciones o la ausencia de otros compradores y vendedores en el mercado. En caso de que esto ocurra, la transacción de acciones que solicitaste puede no llevarse a cabo, o tu orden puede nunca completarse.

Existe la posibilidad de un vacío. Es posible que una acción comience a operar a un precio mucho más alto o más bajo que el precio al que saliste de una posición, y puede continuar operando a ese precio. Esto sucede cuando tus transacciones incluyen vacíos de precio. Por ejemplo, el precio de una acción puede caer de $35 hoy a $30 mañana cuando comienza la operación. Si tu precio objetivo es $34, hay una buena posibilidad de que tu compra se realice al precio de inicio. Aunque los casos de tales peligros son raros, aún tienen el potencial de crear problemas para la mayoría de los traders. Los riesgos indicados a continuación son riesgos adicionales.

Eventos Cisne Negro Amenazas de este

tipo pueden surgir de la nada. Son difíciles de predecir. Es un tipo de riesgo enorme con un gran impacto en el mercado.

Riesgo no distribuido. Te enfrentas al peligro de que esto suceda cuando "pones todos tus huevos en una sola canasta". Es famosamente difícil de prevenir y prever este tipo de riesgo, ya que los mercados pueden tener un impacto en él. Para evitar perder todo de una vez es una de las principales motivaciones para que traders e inversores diversifiquen sus acciones y activos.

Disciplina. Debido a los altibajos que experimentan en el mercado, las emociones y estados de ánimo de los traders a menudo están confusos al hacer day trading. Esto está muy lejos de la personalidad segura que la mayoría de los traders muestran antes de la apertura del mercado, llenos de anticipación sobre el dinero y las ganancias que esperan. Las emociones pueden nublar tu juicio y dificultar la toma de decisiones sabias al hacer trading. En lugar de ser conducido sin emoción, el day trading debe realizarse con una mentalidad de trader. Debes poder evitarlas y beneficiarte de ellas. Ya sea que tus salarios estén aumentando o disminuyendo, siempre debes estar tranquilo, lógico y claro. Esto no significa que debas ignorar tus emociones como trader.

Avaricia. Un trader puede sentirse motivado a ganar más dinero si revisa sus saldos de cuenta y se da cuenta de que son bajos. Si bien tener la voluntad de trabajar duro es loable, algunos traders se sobreextienden en su búsqueda de ganar mucho dinero rápidamente. Cometen errores de trading que tienen el resultado opuesto al deseado: tomar riesgos innecesarios y peligrosos.

Tomar riesgos innecesarios y peligrosos. En un esfuerzo por ayudar al trader a alcanzar un objetivo financiero específico en la cuenta de trading, la avaricia por más dinero tratará de persuadirlo para que tome riesgos innecesarios. Casi con certeza, seguirán pérdidas. Los traders arriesgados podrían usar un apalancamiento elevado porque creen que les ayudaría, pero podría llevar a grandes pérdidas.

Realizar una sobreoperación. Un trader puede operar durante períodos prolongados con el deseo de aumentar sus ganancias. Estas estrategias a menudo son improductivas porque colocan al trader en una situación donde la avaricia podría eliminar su cuenta al sobreoperar en los máximos y mínimos del mercado. Operar sin tener en cuenta la hora del día o hacer un estudio exhaustivo casi siempre terminará en pérdida.

Inadecuado entendimiento de ganancias y pérdidas. Un trader abandonará una posición rentable hasta que el mercado se revierta, eliminando todas las ganancias, ya que quieren ganar mucho dinero rápidamente.

Miedo. El miedo puede actuar como un

freno tanto para la sobreoperación como para el afán de lucro, actuando en ambos sentidos. Un trader puede cerrar una posición por miedo para detener una pérdida. Un trader puede cerrar una transacción demasiado rápido por temor a que el mercado pueda volverse y causar pérdidas, incluso si están teniendo una racha ganadora. El miedo es el factor motivador en ambas situaciones, tratando de evitar tanto el fracaso como el éxito al mismo tiempo.

La ansiedad del fracaso. Un trader puede ser impedido de realizar operaciones por el temor de perder dinero en el mercado y puede optar por sentarse y observar el crecimiento y los ciclos del mercado en su lugar. El temor de perder dinero obstaculiza el éxito en el trading. Un trader no puede completar una operación potencialmente ventajosa como resultado.

El temor de alcanzar el éxito. Cuando surge una oportunidad, un trader que tiene un enfoque de trading basado en el miedo perderá dinero en el mercado.

Se comporta de manera autodestructiva frente a la presión del mercado. Debido a que estos traders tienen miedo de ganar demasiado dinero, permiten que las pérdidas continúen incluso si son conscientes de sus acciones y las posibles pérdidas.

El trading está lleno de sesgos. Un trader puede desarrollar una serie de sesgos de mercado como resultado de juegos emocionales, que los traders deben evitar. Estos sesgos comerciales psicológicos pueden llevar a un trader a tomar decisiones impulsivas e mal consideradas que le cuestan dinero. Debes ser consciente de tus emociones como trader y desarrollar estrategias para controlarlas para poder mantener la calma en tu ventana de trading, incluso cuando tus sesgos comerciales estén en foco.

La sobreconfianza está distorsionada. Cuando obtienen una gran ganancia en una transacción, los traders a menudo experimentan la satisfacción de ganar. Esto es especialmente cierto para los traders principiantes. Querrás seguir operando porque estás seguro de que tu análisis, que en última instancia afecta tus ganancias, no puede estar equivocado. Esto no es cierto y no debería serlo. No puedes estar tan seguro de tus habilidades analíticas que pienses que siempre ganarás. El mercado es impredecible, por lo que las cartas pueden cambiar en cualquier momento. Si lo hacen, el trader sobreconfiado y eufórico se llevará una decepción.

Confirmación de sesgos en operaciones. La confirmación del sesgo en una operación existente que la justifica es un aspecto de la psicología del trading que hace que los traders pierdan mucho tiempo y dinero. La prevalencia de este sesgo es mayor entre los traders experimentados. Después de completar una operación, regresan para examinarla e investigarla en un esfuerzo por demostrar que fue la elección correcta y que navegaron de acuerdo con las circunstancias del mercado. Pasan mucho tiempo buscando hechos que ya conocen. También podrían estar demostrando la sabiduría de su elección para iniciar una mala operación y hacer un mal movimiento.

Enfocarse en estrategias obsoletas tiene un sesgo. Este tipo de sesgo en la psicología del trading afecta a los traders que dependen en gran medida de información obsoleta y métodos de trading que son más perjudiciales para su rendimiento comercial que útiles. Confiar en información precisa pero obsoleta podría llevar a pérdidas en el trading, lo que es un revés para los traders que siempre son demasiado perezosos para buscar información nueva sobre el mercado. Uno de los elementos más importantes para tener una carrera exitosa en el trading es mantenerse al día con eventos actuales y variables que podrían influir en el mercado.

Prevención de Pérdidas por Sesgo

Operar con el objetivo de evitar pérdidas a menudo está impulsado por el miedo. Las estrategias de trading y las ventanas de operación de ciertos traders se ven influenciadas por el miedo a perder dinero. Las ganancias y beneficios no son motivadores cuando a las personas se les impide iniciar interacciones potencialmente lucrativas debido al miedo. También finalizan operaciones demasiado pronto, incluso cuando son rentables, para reducir las posibles pérdidas. La psicología del trading afecta el comportamiento de trading. Los hábitos de trading, errores y técnicas ganadoras de un trader son influenciados por factores psicológicos. A continuación, se explica sobre los hábitos desfavorables que muchos traders desarrollan como consecuencia del impacto de la psicología en su comportamiento. Operar sin una estrategia es un esfuerzo arriesgado. Un trader tendría dificultades sin una estrategia y un plan de trading, ya que no habría un método para conectar con el resultado deseado. Un trader debería idear un plan sólido para usar como guía si descubre un problema en el mercado. Debería ser una estrategia bien planificada que especifique qué hacer bajo diversas circunstancias y qué patrones de trading utilizar. Operar sin un plan es equivalente a quebrar. No hay planes de gestión de dinero establecidos. Uno de los componentes más importantes del trading son las tácticas de gestión de dinero, y el crecimiento en operaciones abiertas es imposible sin técnicas eficientes de gestión de dinero. Para realizar transacciones y ganar dinero como trader, debes seguir reglas muy específicas sobre cómo utilizar el dinero en tu cuenta. Un deseo constante de tener la razón. Algunos traders operan constantemente en contra del mercado para expresar su deseo de que el mercado actúe de cierta manera. No realizan un análisis exhaustivo ni hacen un esfuerzo por estar consistentemente en lo correcto; más bien, siguen su propia ideología en lugar de la señal del mercado. Los efectos negativos de los hábitos psicológicos: Establecer un conjunto claro de objetivos. Un trader que tiene una visión para su carrera de trading en lugar de simplemente operar por operar se beneficiaría al tener una visión para su carrera. Establecer objetivos por escrito también puede ayudar a un trader a sentirse más seguro. En el mercado, usar un plan bien pensado es una táctica ganadora. Desarrollar Reglas de Trading. El establecimiento de disciplina de trading se facilita mediante las reglas del trader. Debes establecer reglas de trading que especifiquen cuándo comienzas y terminas de operar, así como si operas diariamente, semanalmente o durante cualquier ventana de trading que desees. La piedra angular del trading exitoso es saber cuándo salir de una operación perdedora y cuándo cerrar una ganadora. Crear Estrategias de Gestión de Dinero desde Cero. Tener una estrategia financiera no es suficiente; también debes implementarla. Las estrategias de gestión de dinero son vitales para garantizar que la rentabilidad del trader sea la prioridad, incluso teniendo en cuenta el riesgo de pérdida. Para evitar operar apresuradamente y emocionalmente, utiliza la técnica de dinero.

Capítulo Tres

Qué Operar Sin duda, la forma más popular de inversión son las acciones. Son adecuadas tanto para inversores inexpertos como experimentados. Veamos cómo elegir y comprar las acciones adecuadas. Elige el enfoque de la empresa. Tus pasatiempos y experiencia pasada deben tenerse en cuenta al seleccionar un sector. Si deseas dominar el diseño de interiores, presta atención a los fabricantes de muebles y artículos para el hogar, por ejemplo. Si te gusta jugar videojuegos, echa un vistazo a los desarrolladores de juegos y fabricantes de tarjetas de video. Seleccionar varios sectores es mejor que elegir solo uno, ya que necesitarás diversificar tus activos. Conocerás mejor las organizaciones que afectan tu vida personal o profesional. Investiga las empresas del campo seleccionado. Es posible que las empresas recién creadas estén superando a líderes establecidos en el mercado al comparar empresas en la misma industria. Para ello, visita el sitio web de la bolsa que te interesa (MICEX, NYSE o NASDAQ) y familiarízate con la lista de activos negociados. Ser accionista de una gran empresa parece obviamente genial y seguro. Sin embargo, no se deben pasar por alto los jugadores de segundo nivel, ya que el valor de sus acciones podría aumentar en cualquier momento. Tales aumentos pueden ser beneficiosos para los accionistas. Haz una lista de las empresas sobre las que deseas obtener más información. Cada una debe ser estudiada a fondo. Consulta el perfil empresarial. Trabaja a través de toda la información disponible de la empresa. ¿Cómo se ha desarrollado? ¿Cuál fue la naturaleza del proceso de transición? ¿Qué efecto tuvieron los eventos históricos clave en el precio de las acciones de la empresa? ¿Cuáles son tus metas a largo plazo? El desarrollo futuro de una empresa suele estar influenciado por la dirección de su movimiento pasado. Presta especial atención, especialmente, a los estados de pérdidas y ganancias. Presta atención tanto a tus fracasos como a tus éxitos. Comprender la forma en que la empresa aborda la adversidad y el estado actual de sus acciones es crucial. Esto te permitirá evaluar tus riesgos en este momento. No olvides la liquidez; la empresa y los productos que produce deben poder venderse tanto hoy como en el futuro. Descubre qué ha cambiado en la empresa. Las iniciativas de la empresa impactan directamente en las ganancias relacionadas con la inversión. Si la empresa está preparando el lanzamiento de un nuevo producto o ha hecho un descubrimiento, puede ser beneficioso para ti. No hay garantía de ganancias rápidas, pero cualquier novedad llama la atención de las personas y, como resultado, aumenta la probabilidad de que los precios de las acciones aumenten. Por ejemplo, un cambio en el liderazgo puede tener tanto efectos positivos como negativos en las operaciones de la empresa y, por lo tanto, en su valor. Nunca asumas que una empresa crecerá rápidamente. Los valores de las acciones de algunas de las empresas más destacadas del mundo están aumentando gradual pero constantemente. Analiza la dinámica de tu empresa y sector. Observa la empresa y el sector en el que opera durante los últimos años. Si la tasa de crecimiento está disminuyendo o, peor aún, es negativa, no vale la pena mirar en esa dirección. Es como subirse al último vagón del tren cuando compras acciones en un período de crecimiento explosivo. La dinámica de estas empresas suele ser más fuerte y consistente, y la consistencia siempre reduce los riesgos. Utiliza registros financieros para prever el futuro de la empresa y determinar si deseas ser accionista de una empresa con ese futuro. Recordar eventos desagradables probables te permitirá evaluar los riesgos y tu actitud hacia ellos de manera más clara. Revisa los datos.

Ya has realizado algunas investigaciones, asumiendo que no has omitido ninguna de las etapas anteriores. Ahora puedes buscar orientación profesional y descubrir las predicciones para el futuro del negocio que has elegido. Las grandes organizaciones de inversión a menudo publican sus propias recomendaciones. Puedes obtener las opiniones de expertos reconocidos e inversores experimentados en línea (incluidas sus páginas personales en redes sociales). Los analistas no pueden predecir la conclusión exacta ya que no son adivinos. Por otro lado, una perspectiva externa informada podría proporcionar la información necesaria. Además, los analistas experimentados a menudo tienen acceso a información privilegiada. Puedes revisar métricas históricas de períodos anteriores. Esto ayudará a determinar si las proyecciones anteriores fueron precisas. Crea una cartera de inversiones. Varias de las empresas de la primera lista son eliminadas después de una consideración minuciosa de las oraciones anteriores. Otras están en la cima de su prosperidad, mientras que algunas están experimentando un declive económico, y así sucesivamente. Como resultado, se proporcionará una lista de uno, dos o incluso tres jugadores de mercado. De acuerdo con la investigación anterior, se deben comprar acciones de una empresa con perspectivas más fuertes. No es necesario concentrarse en una sola empresa de un sector específico. Puedes comprar acciones de dos o tres empresas rivales para ver cuál tiene un mejor rendimiento. Al incluir acciones de 10 a 12 empresas diferentes en tu cartera, puedes intentar diversificarla y asegurarte de que cualquier pérdida en un activo se compense con ganancias en otros activos. Debes realizar inversiones en numerosas áreas de actividad, como se mencionó anteriormente. No es difícil invertir en acciones y ganar dinero con ellas, a pesar de que el proceso de múltiples etapas es complejo. En este caso, el proceso de múltiples etapas ciertamente no complica el proceso, pero sí ayuda y mejora el resultado. Una estrategia sólida requiere tiempo y atención: requiere mantener acciones y llevar un arma. Lo más importante a tener en cuenta es que inviertes tiempo y energía en reducir riesgos y generar ingresos, lo que estimula. Como cualquier inversión, la inversión en acciones conlleva ciertos riesgos. No importa cuán inteligente seas, no puedes evitar estos riesgos. Mantener tu exposición a estos riesgos al mínimo es la mejor manera de lidiar con ellos. Primero debes entender tus riesgos para diseñar métodos para reducirlos. Debes ser consciente de los diversos peligros y los factores que podrían hacer que un riesgo sea perjudicial para tu capacidad de ganar. Los Diferentes Tipos de Riesgos Un riesgo es que la inversión pierda todo o parte de su valor. Algunos riesgos están directamente relacionados, mientras que otros afectan tu inversión en acciones y poder adquisitivo de manera indirecta. No permitas que los riesgos te disuadan de invertir en acciones, ya que existen en todas las inversiones. Riesgo financiero Incluso las empresas establecidas se preocupan por asumir riesgos financieros. Este riesgo implica la incapacidad de una empresa para compensar a sus inversores. Ten en cuenta que una vez que una empresa se declara en quiebra, sus acreedores son pagados antes que sus propietarios e inversores. Los accionistas son más propensos a perder el valor de su inversión cuando una empresa se declara en quiebra. Riesgo Relacionado con las Tasas de Interés Se utiliza para ilustrar los efectos de un aumento en las tasas de interés después de la adquisición de una inversión. Este tipo de riesgo suele estar asociado con inversiones que generan obligaciones o inversiones que requieren el pago de intereses a los inversores. Una inversión que crea obligaciones es un bono. La situación financiera de una empresa se ve afectada por el riesgo de tasas de interés, especialmente para las empresas que dependen de instrumentos de préstamo para recaudar capital. Las inversiones en acciones se ven afectadas por este riesgo. La capacidad de una empresa para pagar puede verse afectada si emite bonos y otros instrumentos de deuda y luego experimenta inesperadamente un aumento en las tasas de interés. Los pagos de intereses más altos resultan de tasas de interés más altas. Se infiere de esto que la empresa debe pagar a sus acreedores antes que a sus inversores. Como resultado, los precios de las acciones pueden disminuir o los pagos de dividendos pueden retrasarse. Los inversores en acciones, especialmente aquellos en las industrias financieras y de energía, a menudo venden sus participaciones cuando las tasas de interés aumentan. En lugar de comprar acciones, estas personas pueden querer invertir en instrumentos de deuda. Al realizar inversiones en activos de mercado de dinero que funcionan bien y brindan rendimientos incluso durante períodos de tasas de interés altas, los inversores experimentados diversifican sus carteras para reducir el riesgo de interés. Riesgo Monetario El riesgo de mercado es el término que se utiliza para describir cómo fluctúan la oferta y la demanda en el mercado. Los aumentos de precios ocurren cuando un tipo de bien está muy demandado y la oferta es limitada. En contraste, el precio de una acción cae cuando nadie la quiere. Los precios y valores de las acciones fluctúan en respuesta a la demanda del mercado. Debido a esto, invertir en acciones es riesgoso a corto plazo. La bolsa de valores fluctúa debido a los millones de personas que compran y venden acciones todos los días. El costo de una acción aumenta rápidamente. Al siguiente minuto, el precio de la misma acción cae porque nadie quiere comprarla. El precio de una acción puede haber aumentado o disminuido en respuesta a factores distintos de la demanda, como la situación financiera de la empresa emisora, el clima político y social y la inflación. El mensaje clave es evitar invertir en acciones si no sabes lo que estás haciendo. Puedes perder mucho dinero por ignorancia. Riesgo de Inflación La disminución del poder adquisitivo de un inversor se conoce como riesgo de inflación. El producto idéntico que estaba disponible al mismo precio y cantidad hace unos años ya no está disponible. Por ejemplo, 10 caramelos costaban un dólar hace cinco años. El mismo tipo de caramelo todavía está disponible hoy por un dólar, aunque la cantidad es menor. Ahora solo puedes comprar 5 o menos. ¿Cómo afecta este riesgo a tu plan de inversión en acciones? Supongamos que inviertes parte de tu dinero en una empresa con un rendimiento de dividendos del 4% y el saldo en una cuenta de ahorros que gana un interés del 4%. En realidad, estás ganando dinero. Tu inversión original puede estar en riesgo debido a aumentos en las tasas de interés y la situación financiera de la empresa emisora. Un mayor tipo de interés no amenaza la seguridad de tu segunda inversión, ya que es segura. Dado que pusiste el resto en un banco, tu dinero gana el interés que el banco utiliza. Por otro lado, la tasa de inflación es del 5%. Tus salarios no están al ritmo de la inflación. Esto sugiere que estás perdiendo dinero en tu inversión bancaria. El riesgo de presentar impuestos. El riesgo fiscal es la disminución de lo que puedes obtener. Ganar dinero es el objetivo de la inversión en acciones. Existe un impuesto cuando hay riqueza. Una parte de tus responsabilidades fiscales debe ser pagada por ti. Esto indica que debes ser hábil en impuestos para evitar pagar más impuestos de los que ganas.

Riesgo político. Las nuevas normas y regulaciones emitidas por el gobierno tienen un efecto en ciertas empresas. Algunas personas pueden incluso declararse en quiebra como consecuencia de una ley en particular, mientras que otros pueden beneficiarse de ella. Las empresas pueden morir o sobrevivir en un entorno político tóxico e injusto. Es útil tener un conocimiento básico de cómo funcionan la política en diversos países, ya que los conflictos políticos y gubernamentales pueden afectar la posición financiera de una empresa. En muchos países diferentes, las corporaciones pueden convertirse en objetivos políticos. Riesgo para la salud física y psicológica. El riesgo personal es la posibilidad de que no puedas aumentar tu inversión cuando surge una oportunidad. Esto también puede ser cierto si no puedes continuar con una inversión porque necesitas urgentemente efectivo. Cuando tienes el dinero para invertir pero no estás dispuesto a hacerlo, te encuentras en el primer escenario. Además, es posible que no tengas el dinero porque lo utilizaste para una emergencia. Si no tienes un fondo de emergencia para hacer frente a costos imprevistos, ocurre el segundo escenario. Asegúrate de tener un fondo de emergencia antes de comenzar a invertir en acciones. Serás más propenso a encontrarte con estos problemas antes que después si omites ese paso. El riesgo emocional es la incapacidad para controlar tus emociones al decidir si comprar o vender acciones. Muchos inversores a menudo permiten que sus emociones prevalezcan sobre su racionalidad. Si compras acciones, puedes estar codicioso de obtener más o tener miedo de perder dinero. Estas son emociones fuertes que debes tener la capacidad de controlar cuando se trata de negociar acciones. Cómo Reducir Tu Riesgo Aunque invertir en el mercado de valores conlleva una serie de riesgos, hacerlo es fácil y factible. Sería un error dejar que estos riesgos te impidan invertir. No debes basar tu decisión de invertir o no en el riesgo como tu factor principal. Tómate un descanso, estudia y adquiere conocimientos. Antes de invertir tu dinero en acciones, aprende todo lo que puedas. Aprende todo lo que hay que saber sobre la inversión en acciones. Es más probable que realices y elijas inversiones lucrativas si tienes un mayor conocimiento. Está bien si te lleva años entender incluso los principios más básicos de la inversión en acciones. Lo más importante es reducir la probabilidad de perder dinero en una empresa con la que no estás familiarizado. Puedes argumentar que el maestro más experimentado es el mejor, pero no implica que no debas entrenar para el combate. Incluso si un profesional financiero te ruega que lo hagas, no comiences a comprar acciones si no te sientes preparado. Aunque sean expertos en su campo, los asesores financieros no serán quienes pierdan dinero. Observa lo esencial. Nunca olvides lo básico cada vez que te sientas listo para luchar. Cuando se trata de invertir en acciones, nunca olvides mantener las cosas simples y volver a lo básico. Estos principios clave podrían ayudarte a alcanzar tus objetivos sin sufrir una gran pérdida financiera. Diversificación. Esta palabra se relaciona con un enfoque de inversión en el que combinas y combinas acciones. No prestas atención a una sola inversión. Tu cartera está compuesta por inversiones a corto, medio y largo plazo. Dependiendo del tipo de inversión que realices, el porcentaje cambia. La mayoría de tus fondos se invertirán en valores a corto y mediano plazo si eres un inversor activo. Se da un porcentaje menor a inversiones a largo plazo. Si eres un inversor conservador, probablemente inviertas una cantidad significativa de tu capital en proyectos a largo plazo. La proporción de inversiones a corto y mediano plazo en el total es bastante pequeña. Invertir en una variedad de productos financieros es otra forma de diversificar tu cartera. No debes invertir todo tu dinero en el mercado de valores, ya que es un mercado muy volátil.

Capítulo Cuatro

Capital Requerido Determina cuánto dinero necesitarás antes de establecer un negocio. El day trading es comparable en este sentido. Una cosa crucial que la mayoría de los inversores desearían saber es cuánto dinero necesitarían aportar. El mercado en el que deseas invertir determinará cuánto dinero necesitarás para hacer day trading. Tu técnica de negociación también tendrá un impacto en la cantidad de dinero que necesitas recaudar. Diferentes mercados requerirán sumas de dinero diferentes. Se detallan a continuación los diferentes mercados disponibles y sus respectivos requisitos de capital. Los requisitos de capital para traders de acciones Debes tener al menos $25,000 ahorrados específicamente para hacer day trading de acciones. Esta cantidad no es fija. Querrás más de $30,000 si planeas operar más de tres veces. Si el valor de tu cuenta de trading cae por debajo de los $25,000, no se te permitirá operar. Tu cuenta debe ser recargada hasta el mínimo requerido. El requisito de saldo de cuenta solo se aplica a los traders que planean invertir en acciones estadounidenses. Es crucial tener en cuenta que diversas organizaciones en mercados internacionales requieren un saldo mínimo de cuenta variado para invertir. En el país donde creciste, puede que no haya un requisito mínimo de saldo. Sin embargo, se recomienda que deposites suficiente dinero para que puedas beneficiarte de cada transacción de compra y venta. ¿Por qué decimos esto? En otras ocasiones, las tarifas y costos de transacción pueden agotar completamente cantidades más pequeñas. Como resultado de estas deducciones, tu saldo de cuenta no cambiará. La mayoría de los participantes del mercado siempre tendrán problemas con la falta de capital. Si no tienes suficiente dinero, no podrás beneficiarte de la volatilidad del mercado. Aunque hayas perdido dinero hoy, si el mercado de valores aumenta repentinamente, podrías recuperarlo mañana. Por lo tanto, tener dinero suficiente es muy recomendable. Capital Requerido para Traders de Forex El mercado de divisas es único en algunos aspectos en comparación con el mercado de valores. En este caso, se necesitan cantidades más pequeñas de dinero. Esto debería ser una buena noticia para un principiante como tú. Con la pequeña cantidad de dinero que has reunido, puedes comenzar a hacer day trading de forex de inmediato. La ventaja del forex es que puedes usar un apalancamiento de hasta 50:1. Este número podría ser aún mayor en otros países. Un aumento en el apalancamiento implica un mayor riesgo que podría resultar en un pago lucrativo. El trading de forex es una excelente alternativa para el day trading debido a su liquidez. El mercado de divisas es el mercado más grande del mundo. El volumen de dinero en circulación se acerca a menudo a los $5 billones diarios. Como resultado, este mercado es muy atractivo debido a su liquidez. Entonces, ¿cuánto dinero necesitas para comenzar a hacer trading de forex? La negociación puede comenzar con tan solo $100. Sin embargo, se recomienda una cifra de $500. Esto te permite comprar divisas en los mejores niveles de parada. Como puedes ver, comenzar esta actividad solo te costará una pequeña cantidad de dinero. No puedes afirmar que hacerlo te permitirá mantenerte. Sin embargo, es importante recordar que tus ganancias diarias podrían ayudarte a expandir gradualmente tu riqueza. Entonces, incluso si eres nuevo en el trading de forex, nunca subestimes la importancia de comenzar pequeño. Requisitos de Capital para Futuros. Junto con acciones y divisas, también tendrás la opción de invertir en futuros. Los futuros tienen la ventaja de que puedes invertir en ellos con muy poco capital. No se requiere legalmente un monto mínimo para comprar futuros. Sin embargo, es esencial que un trader tenga suficiente dinero disponible para pagar los márgenes de day trading en un día en particular. Muchos brokers exigen un saldo mínimo de $1,000 para traders. Independientemente de si estás limitado a una cantidad específica, deberías intentar abrir tu cuenta con al menos $8,000 en ella. Para que puedas operar con éxito otros futuros, tu broker deberá proporcionarte márgenes adicionales. Como resultado, antes de inscribirte en cualquier cosa, debes confirmar con tu broker. Finalmente, está claro que diferentes mercados necesitarán diferentes niveles de capital en lo que respecta a la cantidad de dinero que necesitarás. Dado que el trading de acciones requiere fondos, no se recomienda si tienes un presupuesto limitado. Por el contrario, puedes comenzar a hacer trading en el mercado de divisas con tan solo $1,000. Para garantizar que tengas un colchón, se recomienda que tengas más. Los futuros podrían ser una excelente opción cuando trabajas con un presupuesto ajustado. Además, cabe destacar que operar con tus fondos personales nunca es una decisión inteligente. Utiliza cuentas demo de manera sabia al trabajar con un bróker para operar con dinero ficticio. Puedes comenzar a utilizar dinero real después de haber establecido que tus estrategias de trading son efectivas. La ventaja aquí es que puedes identificar cualquier posible error financiero que puedas cometer de inmediato. Esto te impide poner en peligro tu dinero duramente ganado.

Cómo Determinar Tu Tolerancia al Riesgo Además de saber cuánto dinero necesitarás para operar, debes tomarte un momento para evaluar tu tolerancia al riesgo. ¿Qué significa evitar correr riesgos? Tiene que ver con cuánta incertidumbre está dispuesto a soportar un trader en cuanto a los rendimientos de la inversión. Debes tener una comprensión sólida de cuánta volatilidad del mercado puedes manejar como trader. Puedes experimentar pánico si parece que los mercados están cayendo. Puedes encontrarte vendiendo en estas situaciones en un mal momento. Debes ser consciente, por lo tanto, de tu nivel actual de tolerancia al riesgo. ¿Qué nivel de riesgo estás dispuesto a aceptar mientras haces day trading?

Para determinar adecuadamente tu capacidad de tolerancia, necesitas evaluar tu rendimiento pasado. Encuentra las instancias más improbables en las que estarías dispuesto a perder dinero. Varios factores pueden afectar tu capacidad de tolerancia al riesgo. La cantidad que puedes aceptar, por ejemplo, dependerá de si tienes una alta perspectiva de aumentar tus ingresos en el futuro cercano. Si deseas beneficiarte de valores futuros, como una pensión, tu tasa de tolerancia al riesgo también será alta. En general, si estás seguro de que tienes otros activos que podrían proporcionarte más ingresos, estarás dispuesto a asumir grandes riesgos. A continuación se enumeran las diversas categorías de tolerancia al riesgo.

1. Agresivo: La disposición de una persona a aceptar riesgos se denomina su tolerancia al riesgo.

Será más fácil para los traders con considerable experiencia en day trading abrazar el riesgo de invertir en activos altamente volátiles. Esto se ve afectado por su amplio conocimiento de las tendencias actuales del mercado. Debido a su comprensión, pueden prever rápidamente la tendencia futura de un valor. A menudo muestran tolerancia a los cambios en el mercado. En un buen día, asumen los mayores riesgos para maximizar las ganancias. La base de la tolerancia al riesgo agresivo es esta.

2. Tolerancia Moderada al Riesgo: Mientras que los traders moderados están dispuestos a aceptar ciertos riesgos, se mantendrán alejados de activos demasiado arriesgados. Optarán por mercados menos volátiles en esta situación. Su objetivo principal es disminuir los riesgos a los que probablemente se

enfrentarán.

3. Aceptación del Riesgo: Los traders conservadores pueden distinguirse de los traders agresivos o moderados. Como su nombre indica, estos inversores tomarán todas las precauciones para minimizar el riesgo. En esta categoría, los pensionistas constituyen la mayoría de los traders.

Basándote en la información que se te ha proporcionado, ¿dónde crees que te encuentras? ¿En qué nivel de valentía estás en cuanto a correr riesgos? Debes ser consciente de que tu nivel de tolerancia cambiará con el tiempo a medida que desarrolles la capacidad de lidiar con las pérdidas. Debes, sin embargo, determinar lo que funciona mejor para ti de inmediato. Esto es crucial porque te evitará rendirte si sufres pérdidas inesperadas. Comprender tu tolerancia al riesgo es una parte crucial de tu base como trader.

Hay cientos de valores disponibles para que un trader elija, y los day traders no están limitados en el tipo de acciones que pueden operar; puedes operar casi cualquier acción que elijas. Elegir qué acción agregar a tu lista de seguimiento puede parecer una tarea difícil con tantas opciones. Elegir qué operar es el primer paso en el day trading, lo que nos lleva a este punto.

Aquí tienes algunas pautas para ayudarte a elegir las mejores acciones para obtener el máximo beneficio: Hay una gran cantidad de volatilidad y liquidez en el day trading. La liquidez en el contexto de los mercados financieros es la capacidad de comprar o vender algo rápidamente. También se puede utilizar para describir cómo la operación afecta el precio de un activo. En comparación con otros valores, las acciones líquidas son más fáciles de day trade, más descontadas y menos costosas.

Debido a su mayor volumen, las acciones líquidas pueden comprarse y venderse con más frecuencia sin afectar significativamente su precio. Un gran volumen de transacciones facilita que los traders se unan y salgan de operaciones, ya que las estrategias de day trading dependen de la sincronización precisa y la rapidez. La profundidad también es importante, ya que muestra qué tan líquidas son las acciones en diferentes puntos de precio por debajo o por encima de la oferta y demanda del mercado actual.

Además, las empresas con mayores capitalizaciones bursátiles tienen más acciones líquidas que aquellas con capitalizaciones bursátiles más bajas, ya que es más fácil encontrar vendedores y compradores para las acciones.

En las acciones con más volatilidad, también se utilizan estrategias de day trading. Si la empresa que posee una acción experimenta variaciones frecuentes en el flujo de efectivo, esa acción se considera volátil. La incertidumbre en los mercados financieros brinda a los day traders muchas oportunidades. Plataformas financieras en línea como Google Finance y Yahoo Finance proporcionan acciones muy dinámicas y líquidas durante todo el día. Esta información también está disponible en otros sitios web de brokers en línea.

Considera tus circunstancias personales. Dado que no hay una respuesta universalmente aplicable en los mercados financieros, las acciones que elijas deben estar en línea con tus objetivos y situación específica. Debes tener en cuenta tu situación financiera, tolerancia al riesgo y el tipo de inversión que planeas realizar. No subestimemos el papel que la ciencia ha desempeñado en todo esto. Tus mejores opciones son investigar las finanzas de las empresas competidoras, investigar el mercado, pensar en los sectores que mejor se ajusten a tus opiniones, personalidad y necesidades personales, y recordar comenzar temprano. Debes estar al tanto de las oportunidades de mercado y tener habilidades de gestión del tiempo para perseguirlas. Al hacer day trading, mantén tus emociones fuera de un activo en particular. Para limitar tus pérdidas y aumentar tus ganancias, ten en cuenta que estás buscando patrones para decidir el mejor momento para salir o entrar. Aunque no tienes que estar pegado a tu computadora, debes estar informado sobre la temporada de ganancias y el calendario económico. Esto te ayudará a decidir qué acciones son las más adecuadas para el day trading.

Además, la industria de internet es también un objetivo potencial para los day traders debido a la existencia de varias empresas de medios en línea con volúmenes significativos de negociación, como Facebook y LinkedIn.

El potencial de estas empresas de medios sociales para explotar sus substanciales bases de usuarios como fuente de ingresos a largo plazo también ha sido objeto de varios debates. Aunque el flujo de efectivo descontado de la empresa que emitió las acciones debería reflejarse en los precios de las acciones, los valores actuales también tienen en cuenta las previsiones de ganancias futuras de las empresas. Según algunos analistas, esto ha llevado a una valoración bursátil más alta de lo que los fundamentos respaldan. Sin embargo, las redes sociales siguen siendo una opción popular para el day trading.

Servicios financieros de la industria. Además, las acciones del sector de servicios financieros son ideales para el day trading. Por ejemplo, una de las acciones más negociadas en cada sesión de trading es Bank of America. Si estás buscando una acción corporativa para hacer day trading, las acciones de Bank of America deben estar entre tus principales opciones a pesar de la creciente desconfianza que enfrenta la industria bancaria. Bank of America es una acción líquida debido a su alto volumen de negociación. También se ven afectados Morgan Stanley, Citigroup, JP Morgan & Chase y Wells

Fargo. Todos ellos están lidiando con condiciones laborales muy turbulentas e impredecibles.

Amplía tu rango geográfico. Para invertir con éxito en el mercado financiero, debes diversificar tu cartera. Observa las acciones que se cotizan en diversas bolsas, como la Bolsa de Valores de Londres (LSE) o la Bolsa de Valores de Hong Kong (Hong Kong Stock Exchange). Puedes obtener alternativas potencialmente más económicas y acciones extranjeras al expandir tu cartera a nivel internacional.

Niveles medios a altos de volatilidad. Un day trader debe ser capaz de entender el movimiento de precios para ganar dinero. Como day trader, tienes la opción de elegir entre acciones que se mueven significativamente en términos porcentuales y acciones que se mueven significativamente en términos de dólares, ya que ambos términos a menudo ofrecen resultados diferentes. Las acciones con movimientos diarios del 3 por ciento o más a menudo experimentan fluctuaciones significativas en el precio durante el día. Esto también es cierto para las acciones que se mueven más de $1.50 al día en volumen.

La mayoría de los traders prefieren invertir en empresas que se mueven al compás de su índice y grupo sectorial, incluso si otros traders se especializan en apuestas contrarias. Esto indica que cuando aumenta el valor del sector o del índice, también lo hará el precio de ciertas empresas. Esto es crucial si un trader desea operar diariamente las acciones más fuertes o más débiles. Es importante centrarse en esa acción y no en si se corresponde con cualquier otra cosa si un trader prefiere operar la misma acción todos los días.

Estrategias para la entrada y salida. Después de seleccionar las mejores acciones en el mundo, tu estrategia de trading determinará si obtienes beneficios de ellas. Hay muchas estrategias de day trading disponibles, pero para aumentar tus posibilidades de éxito, debes adherirte a ciertos estándares y estar atento a ciertos indicadores de trading intradía. A continuación, repasaré cinco de estos requisitos:

1. Opera con acciones débiles durante las tendencias bajistas y con acciones fuertes durante las tendencias alcistas.
   - La mayoría de los traders buscan ETF o acciones que tengan una correlación moderada a alta con los índices NASDAQ o S&P 500 para localizar las mejores acciones para el day trading, y luego separan las fuertes de las débiles. Los day traders pueden beneficiarse de esta situación, ya que las acciones fuertes tienen el potencial de aumentar un 2% cuando el índice aumenta un 1%. La posibilidad para los day traders aumenta con el

nivel de fluctuación de una
acción.

- Cuando los futuros del
  mercado o los índices
  suben, los traders deben
  comprar acciones que
  tengan una tendencia
  alcista más pronunciada.
  Una acción fuerte verá
  poco o ningún retroceso,
  incluso en el caso de que
  lo hagan los futuros. Estas
  son las acciones para
  operar cuando el mercado
  está en alza, ya que
  ofrecen un mayor potencial
  de beneficio.
- Cortar acciones que
  disminuyen más rápido
  que el mercado puede ser
  rentable cuando los futuros
  o índices disminuyen.
  Aunque los ETF y acciones
  que se desempeñan mejor
  o peor que el mercado
  pueden cambiar a diario,
  ciertas industrias pueden

seguir siendo relativamente fuertes o débiles durante períodos prolongados. Al elegir una acción para operar, elige la que sea más fuerte. La misma restricción se aplica a las transacciones cortas. Para aumentar tus posibilidades de ganar dinero cuando los precios bajan como vendedor en corto, debes identificar los ETF y acciones más débiles.

2. Opera justo dentro de la tendencia intradía predominante.

- Es tu deber como trader surfear las olas que el mercado continuamente crea. Deberías concentrarte en realizar apuestas largas durante una tendencia alcista, mientras que deberías concentrarte en tomar posiciones cortas durante una tendencia bajista. Hemos demostrado que las tendencias intradía no duran indefinidamente, aunque puedes operar una vez o más antes de que la tendencia cambie. Debes comenzar a operar en la dirección de la nueva tendencia cuando la tendencia principal cambie. Las líneas de tendencia pueden proporcionar estrategias de entrada y stop-loss simples y eficientes, a pesar de que puede ser difícil reconocer la tendencia.

3. Tómate tu tiempo y sigue el retroceso.

- Las líneas de tendencia, que indican dónde comenzarán y terminarán las ondas de precios, sirven como una señal visual. Como resultado, puedes usar una línea de tendencia para unir la próxima onda de precios temprano al elegir acciones para operar diariamente. Cuando inicias una posición larga, sé paciente y espera a que el precio primero disminuya y luego vuelva a subir alrededor de la línea de tendencia. Para que se forme una línea de tendencia alcista, debe ocurrir un mínimo de precios antes de que pueda existir un mínimo de precios más alto. Una línea que se extienda hacia la derecha conecta los dos lugares. El mismo concepto se aplica a las ventas en corto. Espera a que el precio alcance la pendiente descendente de la línea de tendencia antes de ingresar cuando la acción comienza a disminuir.

4. Toma ganancias con frecuencia.

- Como day trader, solo tienes un tiempo limitado

para ganar dinero, así que debes pasar el menor tiempo posible en operaciones que pierden dinero o van en tu contra. Demostraré dos estándares simples para tomar ganancias mientras operas tendencias: • Si estás en una posición corta o en una tendencia bajista, toma ganancias justo por debajo o en el mínimo precio anterior de la tendencia actual. • Si estás en una posición larga o en una tendencia alcista, toma ganancias justo por encima o en el máximo precio anterior.

- Evita operar cuando el mercado está estancado.
- No siempre se sigue una tendencia en el mercado. Debido a que los patrones intradía pueden ser tan impredecibles, puede ser

difícil identificar tendencias a largo plazo. Asegúrate de que las fluctuaciones intradía sean lo suficientemente significativas como para aumentar las posibilidades de obtener beneficios y minimizar el riesgo de pérdida si no hay mínimos o máximos significativos. Si sigues las pautas mencionadas anteriormente e inviertes $0.15 por acción, el ETF o la acción debería moverse lo suficiente como para que obtengas un beneficio de al menos $0.20 a $0.25. Cuando el precio no está en tendencia, cambia a un enfoque de trading en rango (es decir, moviéndose en un rango). En lugar de una línea inclinada durante un rango, tendrás una línea horizontal. Sin embargo, la estrategia fundamental es la misma: compra tan pronto como el precio rompa la zona de soporte horizontal inferior y luego resuma su tendencia alcista. Es el momento de realizar ventas en corto cuando el precio cruza la línea horizontal superior (resistencia) y comienza a disminuir.

- Como estrategia de compra, sal cerca de la parte superior del rango pero no exactamente en la parte superior. Tu estrategia de venta en corto debería apuntar a salir en la parte inferior del rango, pero no exactamente en la parte inferior. La probabilidad de ganar dinero debería ser mayor que el riesgo de perderlo. Coloca un stop loss justo por encima del máximo más reciente antes de ingresar a una señal corta y un stop loss justo por debajo del mínimo más reciente antes de ingresar a una señal de compra.

- Dado que puede ser difícil para algunos traders hacer la transición entre el trading en rango y la tendencia, optan por elegir solo uno. Si te gusta el trading en rango, evita operar durante las tendencias y concéntrate en ETF o acciones que tiendan a moverse en rango. Sin embargo, cuando se trata de operar en tendencias, debes evitar operar durante los rangos del mercado y, en cambio, concentrarte en operar ETF o acciones que tengan la capacidad de seguir una tendencia.

Capítulo Cinco

Planes de Trading Hay más en el trading que simplemente elegir acciones al azar para mantener, comprar largo o vender en corto. La mayoría de los agentes económicos exitosos dependen de una estrategia de trading para obtener beneficios de su actividad comercial. De hecho, es imposible que cualquier trader genere consistentemente ganancias con el tiempo sin un enfoque disciplinado para el trading.

El mundo del trading ofrece una variedad de estrategias de trading. Incluso los traders novatos pueden usar ciertos métodos de trading porque son muy sencillos. El uso de herramientas y software técnicos destaca la dificultad de los métodos alternativos. Este capítulo discute una serie de técnicas de trading fundamentales que el operador económico típico puede utilizar. Los traders utilizan esta colección de pautas para elegir cuándo entrar y salir de las operaciones. Un ejemplo de una estrategia de trading es el siguiente: los sistemas de trading se ejecutan utilizando tanto filtros de operaciones como disparadores. Antes de que un activo se agregue a la lista de seguimiento de un trader y se tenga en cuenta para una transacción, se deben cumplir una serie de criterios conocidos como un filtro de operaciones. Cuando se ejecutará una transacción, se aplicará un sello de fecha y hora conocido como "disparador de operaciones". Las reglas de entrada, salida, gestión de riesgos y tamaño de posición deben incluirse en cualquier sistema de trading. Las regulaciones deben incorporarse en cada plan de trading. Las entradas son los puntos en los cuales el trader ha decidido entrar en las operaciones. Pueden organizarse de varias maneras. Por ejemplo, un trader puede configurar una posición de entrada en el precio de apertura y una posición de salida en el precio de cierre mientras el mercado esté abierto. El trader puede elegir una posición de entrada como la primera o segunda vela que sea compatible con el patrón identificado si se confirma un patrón de gráfico.

Las salidas pueden especificar posiciones que limitarían una pérdida o posiciones que cerrarían una transacción rentable después de haber alcanzado cierta ganancia. Toda estrategia de trading conlleva algún riesgo, ya que un participante en el mercado siempre puede perder dinero. Las estrategias de trading más efectivas son aquellas que reducen la cantidad de dinero perdido cuando ocurren pérdidas. Esto no excluye la posibilidad de una eliminación completa. En cambio, permite al trader dejar de perder dinero rápidamente y pasar a la siguiente operación. El tamaño de la posición se refiere al número de acciones de acciones o contratos de futuros que un participante en el mercado está dispuesto a arriesgar en cada transacción. Esto depende de cuánto capital de trading tenga el jugador de mercado específico. La tabla anterior demuestra que los acuerdos con un mayor capital de trading casi siempre resultan en mayores ganancias que aquellos con un capital de trading más pequeño.

Los métodos de trading pueden clasificarse de otras maneras además de las pautas fundamentales. Entre los muchos tipos de métodos de trading disponibles se encuentran crossovers, momentum, volatility breakouts, reversals, event trading y Heikin-Ashi.

Crossovers (Cruces). Cuando el precio de un activo o su media móvil se desplaza de un lado de una media móvil más larga al otro de la media móvil más larga, en lugar de al otro lado de una media móvil más corta, esto se conoce como un cruce y es la base de una técnica de trading fundamental. Las dos principales categorías de métodos de trading de cruces son estrategias de cruce de precio y estrategias de cruce de medias móviles.

Se considera que el precio de un activo ha cruzado cuando sube o baja sobre su media móvil (o por debajo). Piensa en una situación en la que el precio de un activo abrió por debajo de su media móvil de 5 días. La situación es deprimente, según los especialistas. El método de cruce de precios se utiliza cuando el precio de un activo aumenta inesperadamente y cruza por encima de su media móvil de cinco días. El cruce de medias móviles ocurre cuando la media móvil de un activo cruza sobre la media móvil de otro activo con una duración más larga. Ten en cuenta el escenario en el que la media móvil de 5 días de un activo comenzó siendo más baja que su media móvil de 10 días. Imagina ahora que el valor del activo aumenta significativamente, aumentando el valor de la media móvil de 5 días. Cuando la media móvil de 5 días es mayor que la media móvil de 10 días en cualquier momento, esto se conoce como un cruce de medias móviles.

Los cruces son una herramienta utilizada por los traders para identificar cambios en la dirección de una tendencia. Pueden usarse para determinar si el precio de un activo está rompiendo una barrera o soporte, señalando el inicio de una nueva tendencia alcista o bajista. Los cruces de medias móviles no ocurren tan a menudo como los cruces de precios. Sin embargo, tienen la capacidad de proporcionar información errónea a los traders. Debido a que los niveles de soporte y resistencia pueden no ser violados, los traders que utilizan técnicas de cruce de precios para buscar rupturas podrían encontrar tendencias engañosas. Aunque los activos altamente volátiles a menudo cruzan medias móviles cortas, esto no siempre indica el inicio de una tendencia alcista o bajista en el precio del activo.

Los cruces entre tendencias alcistas y bajistas también son concebibles. Un cruce alcista ocurre cuando el precio (o media móvil corta) sube por encima de la media móvil durante un período sostenido (o media móvil más larga). Marca el inicio de una tendencia alcista. Los traders o inversores pueden tomar posiciones largas en el mercado. Un cruce alcista se simboliza como una cruz dorada. Ocurre cuando el indicador técnico conocido como la media móvil de 50 días sube sobre la media móvil de 200 días a largo plazo. Cuando el precio (o media móvil corta) cae por debajo de la media móvil en el análisis técnico, esto se conoce como un cruce bajista (o media móvil más larga). Comienza una tendencia alcista cuando hay un cruce bajista. Los traders e inversores tienen la opción de liquidar o acortar sus posiciones largas que han mantenido anteriormente. Un cruce bajista se simboliza como una cruz de la muerte. Se considera bajista cuando la media móvil a corto plazo (media móvil de 50 días) cae por debajo de la media móvil a largo plazo (media móvil de 200 días).

Los traders e inversores a menudo utilizan múltiples medias móviles para identificar tendencias. Si una media móvil de 50 días cruza una media móvil de 100 días o una media móvil de 50 días cruza una media móvil de 200 días, un inversor puede utilizar esta información para tomar decisiones. Debido a que una tendencia debe desarrollarse primero antes de que pueda ocurrir un cruce de medias móviles, es importante señalar que la estrategia de cruce de medias móviles más tardía funcionaría como un indicador de tendencia. Además, los cruces de medias móviles a largo plazo superan a los cruces de medias móviles a corto plazo como indicadores de tendencias a largo plazo. En comparación con otros indicadores, los cruces son más precisos en la predicción de tendencias a corto plazo.

Un inversor preocupado por el futuro a largo plazo del mercado podría estar interesado en métodos de cruce de medias móviles de larga duración. Estos traders utilizan estrategias de cruce de medias móviles que tardan en responder a cambios repentinos en el precio del mercado. Un cruce de dos medias móviles, como una media móvil de 50 días que cruza una media móvil de 200 días o una media móvil de 100 días que cruza una media móvil de 200 días, sería de interés para un inversor.

Las medias móviles con un horizonte temporal limitado podrían ser atractivas para los day traders. Los day traders podrían utilizar cruces como un cruce de media móvil de 5 minutos sobre una media móvil de 10 minutos y un cruce de media móvil de 10 minutos sobre una media móvil de 15 minutos. Esto podría ser utilizado por los traders para obtener señales inmediatas sobre si entrar o salir de posiciones.

La longitud perfecta para una media móvil no existe. La elección y el uso de una media móvil por parte de un trader o inversor se determina por su enfoque de trading, nivel de tolerancia al riesgo y horizonte temporal para mantener el activo relevante.

Además de los cruces, los traders e inversores pueden utilizar filtros para validar patrones y decidir si participar o abandonar una sesión de trading. Por ejemplo, si un inversor desea operar un cruce de media móvil de 10 días sobre una media móvil de 50 días, el inversor pospondría la operación hasta que la media móvil de 10 días fuera al menos un 10% más alta que la media móvil de 50 días. La revisión del cruce y el filtro reduce la cantidad de señales falsas producidas. La desventaja de los filtros es que solo identifican tendencias después de que ya han ocurrido, lo que significa que el inversor puede perderse algunas de sus posibles ganancias.

Se utilizó la estrategia de cruce de medias móviles simples en los ejemplos que se presentaron anteriormente en esta sección, pero un trader podría querer utilizar medias móviles ponderadas exponencialmente en su lugar. El trader primero debe determinar cuánta tolerancia tiene para señales incorrectas antes de decidir qué tipo de media móvil utilizar.

Los indicadores técnicos como Bollinger Bands y Moving Average Envelopes también se utilizan con frecuencia.

Un tipo de estrategia de trading que utiliza medias móviles como táctica de trading se conoce como medias móviles ponderadas exponencialmente. Para determinar niveles de soporte y resistencia, debe crearse un intervalo de confianza (por ejemplo, un intervalo de confianza del 10%) alrededor de una media móvil a corto plazo (por ejemplo, una media móvil de 25 días). Los inversores o traders recibirán notificaciones cada vez que el precio del activo cambie más allá de este grado de confianza (5%) en cualquier dirección dada. Considera el siguiente escenario: El costo de un activo cayó por debajo del 10% de su media móvil de 25 días. Esto informa al inversor que el precio del activo ha violado el soporte y es probable que disminuya aún más pronto.

El sobre de media móvil también se puede utilizar junto con o en lugar de una Bollinger Band. Un inversor puede asumir que ha comenzado una tendencia alcista y que el precio del activo ha roto la resistencia si el precio del activo se desvía más de una desviación estándar de su media móvil. El trader o inversor tiene entonces la opción de tomar una posición larga en el activo.

Momentum (Momentum). El trading de momentum consiste en operar con acciones que se mueven rápidamente en una dirección en un volumen considerable. Un inversor utiliza análisis técnico para determinar la dirección general del mercado antes de tomar una posición que le permitiría obtener ganancias. Un trader abrirá una posición larga cuando vea una tendencia positiva para obtener beneficios del momentum. Además, si se desarrolla una tendencia bajista, el trader venderá en corto las acciones para compensar sus pérdidas y obtener beneficios más adelante en el ciclo de trading.

El precio de las acciones debe superar uno de los dos niveles de soporte o resistencia para cumplir con la condición de trading. Las acciones deben comenzar con un número muy grande de operaciones. Un precio de acciones que está operando en un nuevo máximo puede ser una señal de un desglose al alza en el mercado. Similar al último ejemplo, un nuevo mínimo en el precio de las acciones podría indicar un desglose negativo en el mercado de valores. Los traders avanzados pueden utilizar metodología econométrica o herramientas informáticas para determinar niveles de soporte y resistencia, así como desgloses, con el fin de maximizar las ganancias. Aunque tales técnicas sofisticadas están más allá del alcance de esta investigación, este libro está destinado a nuevos traders que desean adquirir experiencia cometiendo errores.

Como alternativa, un trader puede desarrollar su propio conjunto de pautas para aumentar la efectividad del trading de momentum. Un trader podría necesitar que la vela más reciente rompa al alza y alcance un nuevo máximo por encima de las "N" velas anteriores para abrir una posición larga en una determinada empresa. Cuando la vela más reciente rompe el máximo de las cinco velas anteriores, el trader recibirá una señal de compra en su pantalla de computadora si el valor de "N" se establece en 5.

Otro ejemplo de requisitos para desarrollar una señal de compra es la necesidad de un trader de que la segunda vela salga fuera de las Bandas de Bollinger antes de generar una señal. Cualquier movimiento fuera de las Bandas de Bollinger puede considerarse un desglose de precio, ya que la mayoría de los movimientos de precios de las acciones ocurren dentro de las bandas.

En tercer lugar, un trader puede requerir que la vela más reciente crezca al menos un "X" por ciento de las "N" velas anteriores y que el punto más alto de la vela más reciente sea mayor que el punto más alto de las dos velas anteriores de 2N para completar una operación rentable. Si la vela cerrada más reciente sube más del 0.5 por ciento sobre las tres velas cerradas anteriores y el máximo de la vela cerrada más reciente es mayor que los máximos de las seis barras anteriores, el trader puede comenzar una posición larga. El trader puede probar varios números para "X" y "N" y, después de realizar pruebas, elegir las opciones que resulten en las operaciones más rentables. Los aumentos en el volumen de trading también pueden contribuir al éxito de las regulaciones comerciales mencionadas anteriormente. El trader también podría necesitar un aumento en el volumen de trading de al menos 'X' por ciento, además de cambios en el precio de las acciones para obtener ganancias. El trader puede necesitar un volumen relativo de al menos 2 para respaldar la reanudación del momentum. Este método tiene sentido ya que el volumen de negociación debería aumentar simultáneamente con la aparición de nuevas tendencias.

Además, los day traders buscan movimientos parabólicos. Un movimiento parabólico en el precio de las acciones es un cambio exponencial (ya sea al alza o a la baja). Es posible que una acción tenga saltos parabólicos como resultado de cómo reacciona a las noticias. En respuesta a noticias positivas sobre las ventas y rentabilidad de una empresa, los precios de las acciones deberían aumentar. Es más probable que las malas noticias sobre la rentabilidad o reputación de una empresa disminuyan su precio de las acciones.

Fluctuaciones en la volatilidad. Una técnica de trading conocida como desglose de volatilidad implica operar tanto desgloses al alza como a la baja. Un desglose se basa en la idea de que cuando el mercado se mueve en una cantidad específica, superará el soporte o resistencia.

Para aprovechar un desglose, la estrategia de un trader debe incluir condiciones que deben cumplirse antes de que se marque una operación como abierta. Por ejemplo, el trader puede requerir al menos tres (3) velas de 5 minutos para romper la resistencia y un volumen relativo de más de dos para ir largo (2). Un límite en el tamaño de la posición (digamos, el 5% del capital total) y un procedimiento para cerrar la transacción también pueden incluirse en la solución (quizás cerrar la orden después de la primera vela de 1 minuto para hacer un retroceso después de lograr al menos un 15 por ciento de ganancia).

Los desgloses de volatilidad pueden resultar en ganancias o pérdidas, al igual que otras estrategias de trading. Un trader corre el riesgo de perder dinero si cree que las señales son falsas. En el caso de que una vela de 1 minuto suba un 10% por encima de la resistencia y se considere un desglose, un trader puede entrar al mercado largo y obtener ganancias. Por otro lado, el precio del artículo podría cambiar. El trader cometió un error al ir largo y podría perder mucho dinero como resultado.

Debido a la posibilidad de señales falsas, los traders pueden decidir emplear indicadores retardados para detectar desgloses a fin de evitar futuras señales engañosas. Por ejemplo, puede ser necesario que un Promedio Móvil Ponderado Exponencial rompa tanto el soporte como la resistencia para confirmar el patrón. La desventaja de utilizar señales retardadas es que confirman un patrón después de que ya ha terminado, lo que impide que el trader realice una transacción rentable.

Reversión. Una estrategia de trading de reversión debe tener en cuenta las inversiones de operaciones. El trader utiliza el análisis técnico para identificar inversiones del mercado y posteriormente llevar a cabo la transacción adecuada.

Una técnica efectiva para identificar inversiones del mercado es el Índice de Fuerza Relativa (RSI). Además, como se mencionó anteriormente, se considera que las acciones están sobrecompradas cuando el RSI sube por encima de 80. Es posible que esto señale que la posición del trader está a punto de cambiar. El trader que utiliza el método de reversión puede decidir vender en corto el activo como resultado. De manera similar, una acción se considera sobrevendida si su RSI cae por debajo de 20. La opción alternativa sería que un trader compre el activo y luego lo venda más tarde.

Los traders prudentes pueden decidir crear su propio criterio más estricto al operar una reversión. Si desea decidir si ir largo o corto, puede usar el RSI para hacerlo. Un trader puede añadir a esto buscando al menos una vela para revertir después de aproximadamente tres velas consecutivas de 5 minutos del mismo color que alcanzan resistencia o soporte, lo que puede hacerse buscando al menos una vela para revertir después de aproximadamente tres velas consecutivas de 5 minutos del mismo color que alcanzan resistencia o soporte. Para aumentar los márgenes de beneficio al operar inversiones, el trader debe tratar de capturar la acción lo más cerca posible del soporte o resistencia posible.

Operaciones en eventos de la vida. Los precios de las acciones pueden verse afectados por noticias sobre la rentabilidad de una empresa, problemas operativos, estabilidad operativa y escándalos. Las noticias macroeconómicas que afectan a la situación financiera de una empresa pueden tener un impacto en el precio de las acciones de esa empresa.

Por ejemplo, los pares de divisas a menudo responden a noticias económicas importantes en el mercado de divisas. La mayoría de las noticias económicas de naciones industrializadas e importantes afectan a los principales pares de divisas, pero Estados Unidos es la fuente de noticias más significativa y seguida (Bauwens et al., 2005; Roache et al., 2010; Lahaye et al., 2011). Esto se debe a que Estados Unidos tiene la mayor economía del mundo y el dólar estadounidense sirve como la moneda de reserva global. Por lo tanto, la gran mayoría de las transacciones internacionales utilizan el dólar estadounidense.

El crecimiento del PIB, la inflación y la tasa de recompra del Banco Central de la Reserva Federal son solo algunos ejemplos de datos económicos de Estados Unidos que pueden tener un impacto en la especulación del mercado y en cuánto fluctúa Estados Unidos en relación con otras naciones. Además, la información sobre eventos mundiales importantes como la guerra, catástrofes naturales, disturbios políticos y elecciones presidenciales puede tener un impacto en la especulación del dólar.

Por ejemplo, la tasa de desempleo ajustada estacionalmente en mayo de 2007 fue del 4.4 por ciento en Estados Unidos. La tasa de desempleo aumentó rápidamente a un máximo histórico del 10% en octubre de 2009 cuando Estados Unidos fue sacudido por la crisis financiera global y la subsiguiente recesión económica (US BLS, 2018). El valor del dólar estadounidense disminuyó al mismo tiempo que aumentaba el desempleo. La disminución del valor del dólar estadounidense en relación con varias monedas importantes durante el período relevante era, por lo tanto, esperada.

Antes de la publicación de noticias económicas regulares, un trader minorista que desee concentrarse en las noticias puede hacerlo esperando un período de consolidación y luego operar en el desglose de esa consolidación. Las posiciones pueden mantenerse durante un corto período de tiempo (como en el trading intradía) o durante varios días debido a la naturaleza del trading basado en noticias (como en el swing trading).

Cuando se recibe una noticia positiva, el valor de los activos financieros (precios de las acciones y precios de pares de divisas) aumenta, mientras que el valor de los activos financieros (precios de las acciones y precios de pares de divisas) disminuye cuando se escuchan noticias negativas. Esto ocurre en el caso de las acciones cuando muchos traders deciden mantener un activo después de recibir noticias positivas, viendo un aumento en la demanda y un aumento de precio. Por otro lado, las malas noticias llevan a los traders a reaccionar cortando posiciones cortas o cerrando posiciones largas, lo que reduce la demanda y disminuye los precios de las acciones.

Operar en reacción a noticias de última hora se conoce como "event trading". Considera la compra de Nord Anglia Education Inc., un proveedor de escuelas internacionales con sede en Hong Kong, por parte de la Junta de Inversiones del Plan de Pensiones de Canadá y Baring Private Equity Asia el martes 25 de abril de 2017, por un valor de $4.3 mil millones. El sitio web de la empresa afirma que a las 10:00 a.m. del mismo día, el precio de las acciones de Nord Anglia Education Inc. (NORD) había aumentado un 17.38 por ciento debido a la buena noticia de la compra.

Si un trader toma una posición adecuada basada en noticias y tiene éxito al aprovechar el momentum desde el principio, se beneficiará considerablemente. Por otro lado, un trader que adopta o mantiene una posición incorrecta ante noticias desfavorables corre el riesgo de sufrir pérdidas significativas. Debido a esto, los traders que basan sus decisiones en eventos de cisne negro tienen el potencial de ganar mucho dinero, o perderlo, según elijan la posición apropiada.

Ten en cuenta la situación ficticia siguiente. Piensa en una empresa petrolera estatal mal gestionada que cotiza en bolsa y que estaba a punto de fracasar. Considera que la noticia se transmitió por radio o televisión. La reacción natural de los clientes al escuchar tales noticias es vender sus acciones en la empresa petrolera que cotiza en bolsa, lo cual es razonable. Ahora, considera la situación de un accionista de la empresa petrolera que se enteró de los problemas de la empresa el día antes de que se revelaran en la prensa. En lugar de esperar a las noticias, podrían vender todas sus acciones por una ganancia mayor. Operar basándose en noticias beneficiaría así al trader minorista más que operar sin tener en cuenta las noticias.

Es fundamental comprender que el insider trading ocurre cuando los stakeholders corporativos toman decisiones comerciales basadas en información que aún no se ha hecho pública. Este comportamiento se considera inmoral y está prohibido en muchos países de todo el mundo.

Las noticias significativas tienden a aumentar el trading en acciones, pares de divisas y activos financieros afectados. Cuando se anuncian noticias significativas, la volatilidad del mercado de divisas tiende a aumentar, por lo que muchos brokers de forex intentan ampliar la brecha entre el precio de compra y venta. Si la diferencia entre dos pares de divisas consiste en un precio de compra de US$1.258 y un precio de venta de US$1.260, entonces los precios de compra y venta se consideran idénticos. US$1.258 y US$1.260 varían en 0.0002 (o 2 pips), o un uno por ciento.

Durante períodos de volatilidad relacionada con noticias, las órdenes de mercado pueden completarse a un precio que difiere sustancialmente del precio que el trader minorista planeaba pagar. Piensa en el siguiente ejemplo: El precio de venta de un par de divisas es de US$1.260. Un trader podría ir en largo y comprar el par de divisas si cree que el precio de compra aumentará en el futuro a un valor mucho mayor que US$1.260. Imagina el siguiente escenario: Un trader coloca una orden de mercado largo en un momento de volatilidad muy alta. La orden podría completarse a un precio de compra que es mucho mayor que el precio de venta actual de US$1.260. Como consecuencia, para que el trader obtenga beneficios, el mercado tendría que subir aún más para cubrir el costo del cargo y el spread entre el precio de compra y venta.

Por otro lado, un problema similar podría surgir y resultar en un deslizamiento de beneficios para los traders comunes. Considera otro ejemplo. En este caso, supongamos que un trader que anticipó una disminución del mercado colocó una orden de mercado corto para el par de divisas. Considera que la orden se realizó en un momento de significativa volatilidad del mercado. El deslizamiento podría ocurrir si la orden se completa a un precio mucho más bajo de lo que el trader anticipaba. Es importante tener en cuenta que después del anuncio de noticias significativas del mercado, los mercados financieros no siempre reaccionan de la misma manera. El movimiento de precios en ambas direcciones puede estar definido por grandes saltos y velas extendidas (Lahaye et al., 2011). Pueden ocurrir retrasos en el procesamiento de órdenes cuando hay mucha volatilidad en el mercado de noticias. Incluso si las órdenes se colocan exactamente en el momento adecuado, los traders aún corren el riesgo de perder dinero. Esto se debe a que los traders pueden sufrir pérdidas como consecuencia de retrasos en el procesamiento de órdenes. Imagina el siguiente escenario: Para realizar con éxito una venta en corto de un par de divisas a US$1.270, un trader minorista colocó una orden de compra a US$1.260. Supongamos que hubo un problema en el cumplimiento de la orden y, cuando finalmente se completó, el precio del par de divisas se disparó a US$1.501. Asumamos que hubo un aumento adicional a US$1.265. El trader minorista perdió dinero en la operación porque la orden de compra se completó a un costo mucho mayor que la orden de venta en corto.

Los riesgos relacionados con la volatilidad del trading de noticias, que ya se han discutido, deben ser comprendidos por los traders minoristas. Como medida preventiva para ayudar a reducir el riesgo de volatilidad durante momentos de significativa volatilidad relacionada con noticias, los traders minoristas pueden emplear órdenes límite con objetivos de ganancias.

Heikin-Ashi. Algunos day traders prefieren los gráficos Heikin-Ashi en lugar de los gráficos de velas más comunes para el reconocimiento de patrones. En realidad, se pueden aplicar una variedad de métodos de trading, como cruces, momentum y reversals, utilizando gráficos Heikin-Ashi. Si utilizar o no gráficos Heikin-Ashi depende de la tolerancia del trader para recibir señales erróneas. La gran mayoría de las empresas que proporcionan interfaces de trading en línea a sus clientes mostrarán los precios como velas Heikin-Ashi.

Teniendo en cuenta la estrategia de trading. Es crucial que los traders evalúen sus procesos de trading para ver si son efectivos y dónde pueden mejorarse. Para realizar dicha evaluación, el trader debe hacer un seguimiento de la siguiente información:

- ganancia o pérdida diaria promedio, ganancia o pérdida diaria promedio, ganancia o pérdida diaria promedio por unidad, tamaño promedio de pérdida diaria
- el riesgo promedio asumido en cada transacción y la proporción ganadora-perdedora
- el número total de operaciones realizadas en un solo día Una estrategia de trading solo puede evaluarse eficazmente si se han cuantificado con precisión las ganancias, pérdidas y riesgos asociados a ella. En base a su ganancia promedio, los traders minoristas podrán calcular su rentabilidad diaria. Las estrategias de trading deben ajustarse si las ganancias no alcanzan las expectativas o se producen pérdidas.

El periodo ideal para que el trader mantenga abierta la posición antes de cerrarla se determina por el tamaño promedio de la ganancia, y viceversa. Si la cantidad de dinero movida se mantiene constante, el tamaño de las ganancias puede revelar si el trader está cerrando posiciones ganadoras demasiado rápido. El tamaño promedio de pérdida se puede usar de manera similar para determinar si un trader mantiene posiciones perdedoras durante un tiempo excesivo. Después de aprender tal conocimiento, los traders pueden cambiar su enfoque y decidir mantener posiciones lucrativas durante un período más prolongado. Para reducir sus pérdidas, también pueden utilizar un plan de gestión de riesgos más estricto.

Al revisar sus operaciones del día o la semana anterior y hacerse las siguientes preguntas, un trader puede evaluar su nivel de éxito en el trading:

- ¿Hubo un plan para abrir y cerrar operaciones, verdad? Si es así, ¿se cumplió?

- Si es así, ¿qué técnicas analíticas fundamentales o técnicas se utilizaron para ayudar a tomar decisiones comerciales?
- ¿Había un número deseado de victorias o pérdidas?
- Se detuvo o cerró el trading antes de lo previsto.
- ¿Las posiciones perdedoras se retuvieron durante un período más prolongado de lo esperado?
- ¿Es posible que alguna decisión comercial haya sido afectada por emociones de las personas? Las respuestas a las preguntas sencillas mencionadas anteriormente pueden proporcionar información valiosa sobre por qué un trader está perdiendo dinero.

El Índice de Sharpe y la simulación de Monte Carlo, ambos disponibles para un trader, se pueden utilizar para examinar su estrategia de trading con mayor detalle. Estrategias tan sofisticadas pueden ser utilizadas por traders expertos con experiencia en economía financiera, pero están más allá del alcance de este libro, que está escrito para traders principiantes e inexpertos.

Es sumamente desafiante para un trader participar en un trading eficiente a largo plazo con un objetivo y un método exitoso. La primera sección de este capítulo examinó los elementos clave de una estrategia de trading. Límites de entrada y salida, pautas de gestión de riesgos y especificaciones de tamaño de posición son algunos de ellos.

Después de eso, este capítulo examinó una variedad de tácticas de trading sencillas. Se encontró que las tácticas de trading más efectivas son los cruces, el momentum y el reversal trading. Por otro lado, se pueden utilizar Bandas de Bollinger y gráficos Heikin-Ashi para agregar información aportada por estos indicadores. Es crucial entender que un indicador no es lo mismo que una estrategia de trading, aunque los indicadores pueden ser útiles en el trading.

El último tema cubierto en este capítulo fue un marco fundamental para evaluar el rendimiento de los sistemas de trading implementados. Las técnicas de trading simples son fáciles de desarrollar, poner en práctica y evaluar. Los precios también son razonables. Por otro lado, dado que requieren más tiempo y esfuerzo, los procedimientos complejos son más difíciles de desarrollar, probar y optimizar. La misma idea se aplica a los procedimientos de evaluación que a otros tipos de evaluación. Como se mencionó anteriormente, este libro se centra en estrategias sencillas, ya que su público objetivo es el lector experimentado que busca aumentar su comprensión y experiencia financiera.

Capítulo Seis

Habilidades de Gestión Financiera

En el ámbito financiero, la noción de gestión del dinero no es nueva. Todo comenzó cuando se estableció el capitalismo. Cuando los propietarios de empresas privadas controlaban la economía, poseían sus propios activos y recibían las recompensas. Las personas solo han existido desde alrededor de 1600 debido a su capacidad para adquirir riqueza. El entorno actual exige la habilidad y el deseo de ahorrar más e invertir cualquier dinero adicional.

El término "gestión del dinero" describe una variedad de métodos para manejar el dinero de uno. Todo está cubierto, desde la elaboración de presupuestos hasta la planificación financiera. La gestión del dinero incluye la compra de necesidades para tu vida, así como la elaboración de estrategias. Alguien con habilidades deficientes de gestión del dinero y planificación nunca tendrá suficiente dinero.

Comprender tus activos y responsabilidades es fundamental antes de poder comenzar tu camino hacia una mejor gestión del dinero. Los activos y propiedades personales incluyen, entre otras cosas, autos, casas, fondos de jubilación, inversiones y cuentas bancarias. Por otro lado, las responsabilidades personales consisten en préstamos, deudas e hipotecas. Para calcular tu patrimonio neto, debes poder distinguir entre tus activos y obligaciones. Tienes un patrimonio neto más bajo cuando tus obligaciones superan a tus posesiones. Si eres bueno gestionando tu dinero, puedes evitar esto.

Establecer objetivos financieros es beneficioso. Sin metas, te obsesionarás con la gestión diaria de facturas, lo que socavará tus ambiciones a largo plazo. Establecer metas te permite identificar qué gastos son necesarios y cuáles se pueden reducir. Si, por ejemplo, deseas comprar un automóvil de $30,000, uno de tus objetivos puede ser reducir tus gastos. ¿No es similar a alguien que quiere comprar un automóvil de $20,000?

Una vez que hayas terminado tu planificación y determinado tus objetivos, puedes comenzar a trabajar en tu presupuesto. Un presupuesto es una herramienta que puede ayudarte a gestionar bien tu dinero. Es una estimación de ingresos para un cierto período de tiempo. Si sigues un presupuesto, es posible que puedas ahorrar dinero y dejar de hacer compras impulsivas. Un presupuesto razonable podría implicar asignar $250 al mes para entretenimiento y otros gastos después de determinar las necesidades básicas. Si tu salario aumenta, ahorra el dinero adicional en lugar de aumentar tu plan de gastos.

Al elaborar un presupuesto, tendrás muchas cuentas que supervisar. Por ejemplo, puedes tener cuentas de ahorro y un fondo de emergencia. Esto evitará que cedas a la necesidad de hacer compras impulsivas. No mezcles tu dinero de jubilación con otras inversiones. Hay varios programas disponibles para ayudarte a gestionar tus finanzas. El software de gestión de dinero como Quicken te ayuda a hacer un seguimiento de todas tus cuentas diferentes y asegurarte de que se cumplan tus objetivos de gasto y ahorro.

El análisis, la planificación y la ejecución de una cartera financiera son todos aspectos de la gestión del dinero. Impuestos, ahorros, banca y otros tipos de inversiones están incluidos en la cartera financiera. Los aspectos económicos y administrativos de tu empresa pueden verse afectados por varios factores. Una de las habilidades más importantes de gestión del dinero es la capacidad para acceder y manejar todos los aspectos de tu situación financiera.

Puedes alcanzar tus metas si gestionas bien tu dinero. Quiero vivir una vida libre de deudas y comprar una casa sin necesidad de préstamos estudiantiles. Mejora tu plan para manejar circunstancias imprevistas que puedan afectar tus finanzas, como la pérdida de empleo o una enfermedad catastrófica. Si gestionas bien tu dinero, podrás ahorrar lo suficiente para cubrir gastos imprevistos.

Las personas pueden intercambiar información y conectarse entre sí mediante Internet, una red informática global. Antes, no había estándares para la banca, la inversión o el seguro. En el pasado, los clientes tenían menos opciones y menos conocimiento sobre sus perspectivas en sus áreas locales al tomar decisiones financieras. Debido a la falta de conexión a Internet, había restricciones sobre cómo y dónde obtener la información crucial. Una amplia variedad de cosas, como muebles y equipos eléctricos, inspiraban a las personas a realizar compras. Las compras pueden incluir contratos de seguros e hipotecas.

Habilidades de Gestión Financiera ¿Tienes una comprensión clara de tus ingresos y gastos? ¿Sabes cuánto gastas en entretenimiento, ropa y comida?

Una habilidad vital para la vida que rara vez se enseña en las escuelas es la gestión del dinero. La mayoría de las veces, nuestros padres nos enseñan a gestionar nuestras finanzas. Dado que la mayoría de las personas no adquirieron habilidades financieras en la escuela, aún puedes estudiarlas ahora. Aquí tienes algunas sugerencias para ayudarte a mejorar tus habilidades de gestión del dinero.

Crea un presupuesto y síguelo. Lleva un registro de cada compra que realices. ¿Cuánto de tus ingresos gastas en comida, entretenimiento, ropa y películas? ¿Sueles sobregirar tu cuenta corriente? Crea un presupuesto si es así. Puedes descubrir cuánto has gastado en cada categoría mirando tus extractos bancarios. Te darás cuenta de la cantidad de dinero que estás desperdiciando sin darte cuenta.

Toma decisiones financieras sabias. ¿Haces una lista de compras de comestibles antes de salir? ¿Verificar el precio de un artículo antes de agregarlo a tu cesta de compras es un hábito, verdad? Usa cupones si los encuentras. Utiliza aplicaciones para teléfonos inteligentes y recursos en línea para realizar un seguimiento de tus gastos.

¡Presta mucha atención a tus gastos! Si ignoras estos consejos simples, seguirás perdiendo dinero. Conseguir cupones lleva tiempo y esfuerzo. Llevar un registro de todas tus compras también lleva tiempo y esfuerzo, pero valdrá la pena al final.

Asegúrate de que tus libros estén en condiciones de funcionamiento. La mayoría de las personas usan Internet para verificar su saldo bancario. Haciendo esto, no podrás hacer un seguimiento de tus gastos actuales. Ser responsable y llevar un registro de todos tus gastos es el paso más importante para evitar el gasto excesivo. Crea un plan.

Necesitas un plan si quieres lograr algo.

No podrás encontrar tu camino de un punto A a un punto B sin un GPS que te dirija. Involuntariamente, te encontrarás dando vueltas.

Esto es igual a no tener un plan de gastos. Siempre necesitarás dinero y no tendrás idea de a dónde va. ¿Cómo terminó el dinero? Si eliges el enfoque adecuado, podrás mantener un seguimiento de tu situación financiera y gastos.

Considera que eres un empresario. El sistema educativo no proporciona gestión del dinero, especialmente cómo invertir para lograr el éxito financiero. Los ricos aprendieron a invertir y hacer crecer su riqueza además de ahorrar $500 cada mes, aumentando el valor de $500 a $1,000, $10,000, $100,000 y mucho más. Al invertir y aumentar tus ahorros, puedes garantizar un futuro financiero seguro. Considérate a ti mismo un inversionista y vigila tu dinero mientras crece.

Tu pareja debe tener los mismos

objetivos financieros que tú. Las parejas casadas que tienen una cuenta bancaria compartida deben aprender a cooperar. Tú y tu pareja deben ponerse de acuerdo en los objetivos financieros.

Crea un presupuesto y obtén consejos de un experto financiero sobre dónde colocar tu dinero. Debes asegurarte de que tus objetivos financieros estén alineados y de que estén avanzando.

Toma decisiones financieras sabias. Comprométete firmemente con la planificación financiera a largo plazo y la gestión del dinero. ¡Tienes el poder de mejorar y fortalecer tu situación financiera! Sin embargo, primero se debe tomar la decisión de hacerlo. Decide comenzar a ahorrar y mejorar tus habilidades de gestión del dinero.

La gestión del dinero es muy importante. Seguir un presupuesto y vivir dentro de tus posibilidades son aspectos importantes de una buena gestión del dinero. Al hacer compras, busca ofertas excelentes y evita las malas ofertas. Tus metas, como ahorrar para el pago inicial de una casa, pueden ser más fáciles de alcanzar si sabes cómo invertir cuando tienes más dinero. Puedes lograr tus metas a corto y largo plazo al comprender la importancia de una gestión financiera sólida. Algunas de las razones por las que una gestión efectiva del dinero es crucial incluyen las siguientes: El estado de la economía mejora. Si eres cuidadoso con tus gastos y ahorras, es posible que tengas suficiente dinero para el futuro. Tu capacidad para ahorrar dinero te proporcionará la seguridad financiera que necesitas para enfrentar gastos o problemas inesperados, como perder tu trabajo, problemas con el automóvil o incluso ahorrar para unas vacaciones. Si tienes dinero, no necesitarás usar una tarjeta de crédito para resolver problemas. Los ahorros son un componente crucial de las finanzas personales, ya que te permiten sentar las bases para tus finanzas futuras.

Aprovecha al máximo las oportunidades que se presenten. Puedes enterarte de oportunidades para invertir en un negocio y aumentar tus ingresos, o podrías conocer un evento alegre, como una oferta fantástica de vacaciones. Un amigo podría informarte sobre una increíble oportunidad comercial o unas vacaciones de ensueño. Puede ser frustrante no poder aprovechar estas oportunidades de inmediato debido a limitaciones financieras.

Paga una tasa de interés más baja. Tu puntaje crediticio puede ser un fuerte indicador de cómo manejas tu dinero. La puntuación más alta muestra que tu carga de deuda general es manejable y que pagas tus obligaciones a tiempo. Un puntaje crediticio más alto podría resultar en más ahorros financieros y tasas de interés más bajas en tarjetas de crédito, hipotecas, préstamos para automóviles e incluso seguros de automóviles. Incluso puedes presumirles a tus amigos sobre tu excelente puntaje crediticio en las fiestas.

Se pueden reducir los niveles de conflicto y estrés. Realizar pagos de facturas a tiempo puede ser reconfortante. Por otro lado, no pagar tus facturas a tiempo puede ser estresante y tener efectos negativos, como cortar el suministro de agua y gas. Estar desempleado hasta tu próximo salario puede ser muy estresante y tenso para una relación. Según los expertos, el estrés está relacionado con condiciones como hipertensión, insomnio y dolores de cabeza. Podrías sentirte más tranquilo si sabes cómo gestionar tus finanzas para tener dinero extra y ahorrar. Tendrás una vida sin ansiedades.

Aumenta tus ingresos. Tu planificación financiera deberá incluir dónde invertir el dinero adicional cuando tu salario aumente, además de cuánto debes gastar para los gastos mensuales. Puede ser posible ganar más dinero invirtiendo en una variedad de activos, como acciones y fondos mutuos, que simplemente colocando tu dinero en una cuenta de ahorros bancaria. Por otro lado, algunas empresas, como casinos en el extranjero, no se consideran oportunidades de inversión deseables. La oportunidad de trabajar y obtener un ingreso mensual mientras tus activos generan ingresos adicionales es uno de los aspectos más atractivos de la propiedad de activos.

Capítulo Siete

Herramientas Necesarias

Para ingresar al mercado de valores donde deseas hacer day trading, como la bolsa de valores, necesitarás un broker confiable. Ten en cuenta que tu broker debe ser excepcional, no puede ser simplemente bueno. ¿Por qué? Dado que no puedes acceder directamente al mercado de valores u otros mercados financieros, necesitarás contratar a un broker. Si tu broker tarda demasiado en ejecutar tu orden a tu precio objetivo o si su sistema es propenso a errores frecuentes, aún puedes perder dinero en tus operaciones incluso si seleccionaste correctamente tus SIPs. Puede ser desafiante debido a la gran cantidad de brokers entre los cuales elegir. Algunos exigen tarifas muy bajas pero brindan un servicio deficiente, mientras que otros cobran tarifas elevadas pero ofrecen un servicio excelente. ¡Peor aún, algunos son caros y inútiles! Para tu conveniencia, incluiré una lista de brokers realmente destacados en el apéndice al final de este libro para ayudarte a reducir tus opciones a brokers de calidad.

Se requiere un cierto nivel de patrimonio. La Comisión de Valores y Bolsa (SEC, por sus siglas en inglés) y la Autoridad Reguladora de la Industria Financiera (FINRA) tienen reglas que se aplican a los day traders (FINRA). Se refieren a cualquier persona que pueda hacer day trading con firmas de corretaje de valores en los Estados Unidos como "day traders patrones". Se considera day traders patrones a las personas que han iniciado y cerrado operaciones en el mismo día al menos cuatro veces en los últimos cinco días laborables. La SEC y FINRA estipulan que los day traders patrones deben tener un nivel de patrimonio mínimo de $25,000 en su cuenta de corretaje antes de poder participar en day trading. Los brokers deben prohibir a los day traders patrones hacer más operaciones diarias hasta que su patrimonio se haya incrementado a al menos $25,000 cuando caiga por debajo de este nivel por cualquier motivo.

Muchos day traders novatos ven esta restricción como un obstáculo para el éxito del day trading en lugar de como una precaución contra catástrofes del day trading, especialmente aquellos con menos capital que esta cantidad. Ignoran que está diseñado para evitar que asuman riesgos excesivos en el day trading que podrían fácilmente hacer que sus fondos de trading se pierdan debido a las comisiones y tarifas cobradas por sus brokers. Aunque la ley exige que se cumpla con este estándar, muchos brokers y dealers pueden definir de manera más estrecha a un day trader patrón al tratar con ellos. Es esencial aclarar este requisito mínimo de patrimonio con el broker elegido para evitar confusiones más adelante.

Si no puedes cumplir con el requisito mínimo de patrimonio de $25,000 para el day trading, puedes operar con un broker en el extranjero. Una empresa de corretaje que opera fuera de los Estados

Unidos es Capital Markets Elite Group Limited, que tiene su sede en Trinidad y Tobago. Estos brokers operan fuera del alcance de FINRA, por lo que la regulación de day traders patrones no se aplica a ellos. Esto sugiere que la cantidad mínima de pago no es la misma para ti.

Las dos categorías de brokers son los direct-access y los brokers convencionales. Por lo general, los brokers convencionales utilizan algún tipo de sistema preestablecido de procesamiento de órdenes para redirigir las órdenes de sus clientes, incluyendo las tuyas, a otras empresas. Como resultado, ejecutar tus órdenes a través de brokers convencionales implica muchos pasos y puede llevar un tiempo. Y la velocidad es todo cuando se trata de day trading.

Debido a que los brokers tradicionales suelen ofrecer otros servicios a sus clientes, como investigación de mercado y asesoramiento financiero, a veces se les llama brokers de servicio completo.

Debido a estos "extras", sus comisiones y gastos a veces son mucho mayores que los de los brokers direct-access. Dado que están menos preocupados por la velocidad de ejecución de transacciones que los day traders, los inversionistas a largo plazo y los swing traders se benefician al utilizar brokers convencionales o de servicio completo.

En comparación con los brokers de servicio completo o convencionales, los brokers direct-access priorizan la velocidad de ejecución de transacciones por encima de los servicios de investigación y asesoramiento. Dado que a menudo renuncian a los servicios adicionales a favor de proporcionar un acceso rápido y fácil al mercado de valores, también ofrecen tarifas y comisiones reducidas. Por lo tanto, muchos de ellos se conocen como "brokers de descuento".

Para proporcionar a los clientes plataformas en línea que les permitan operar directamente en el mercado de valores, ya sea en el NASDAQ o en el

NYSE, los brokers de acceso directo utilizan sistemas informáticos muy complejos. Aunque ofrecen las velocidades de ejecución de transacciones necesarias para el day trading, no son perfectos y tienen una serie de desventajas propias.

Uno de los desafíos es la implementación de restricciones de volumen de operaciones mensuales. Si no cumples con el volumen de operaciones mensual requerido, que generalmente sirve como la comisión mínima mensual de tu cuenta y de todas las cuentas de sus otros clientes, te cobrarán una "tarifa por inactividad". No todos los servicios de corretaje asequibles aplican tarifas por inactividad.

Otro problema con el que lidian los brokers de acceso directo es la falta de conocimientos de los day traders novatos sobre el trading de acceso directo. Con los brokers convencionales, un trader novato solo tiene que proporcionar los detalles de sus órdenes a su broker, quien se encargará de todos los pasos necesarios para ejecutar esas órdenes en el mercado. Con los brokers de acceso directo, el day trader utiliza la plataforma en línea o el software del broker para llevar a cabo las órdenes.

Para los day traders principiantes, esto podría ser desafiante, ya que además de elegir sus SIPs, también necesitan saber cómo ejecutar adecuadamente sus órdenes en la plataforma. Los day traders principiantes probablemente tengan experiencia previa en el trading de acceso directo, ya que el day trading es una forma más complicada de operar en el mercado de valores.

La plataforma de trading. Una plataforma de trading es el programa informático o software que utilizarás para hacer day trading. Muchos traders confunden esto con un broker de acceso directo, aunque son diferentes.

Tus órdenes serán enviadas al mercado de valores a través de la interfaz de trading, donde el broker de acceso directo las liquidará en tu nombre. Es muy inusual que estas empresas creen y proporcionen a sus clientes sus propias plataformas de trading patentadas para operar acciones en el mercado, aunque no es tan raro como en el caso de los brokers de acceso directo.

La cantidad y el tipo de características de la plataforma de trading que los brokers de acceso directo ofrecen a sus clientes afectan la cantidad que cobran por sus servicios. Una plataforma ofrece más funcionalidad cuando las comisiones y tarifas son más altas, y viceversa.

Una de las características más importantes a tener en cuenta en una plataforma de trading son las teclas de acceso rápido (hotkeys). Si no las tienes, es posible que no puedas completar acuerdos lo suficientemente rápido como para que sean rentables. Llegar uno o dos segundos tarde puede marcar la diferencia entre tomar y cerrar posiciones a los mejores precios y perder oportunidades rentables de day trading, ya que este se concentra en acciones con alta volatilidad.

Actualizaciones en tiempo real de la información del mercado Los day traders necesitan datos en tiempo real a medida que avanza el día de trading, ya que deben ingresar y salir de posiciones dentro de horas, minutos o incluso segundos, a diferencia de los swing traders e inversores a largo plazo que solo necesitan datos de precios al cierre del día que están disponibles fácilmente en línea. Desafortunadamente, los datos de precios intradía en tiempo real no son gratuitos; debes pagar una tarifa mensual a tu broker de acceso directo o al propietario de la plataforma (si son entidades separadas de la firma de corretaje). Pregunta a tu broker de acceso directo cuánto te costará una suscripción mensual para obtener datos de day trading en tiempo real. Como day trader, deberás prestar atención a dos de los tipos más básicos de datos: los precios de oferta y demanda. Los precios de oferta representan las sumas que otros traders e inversores están dispuestos a pagar por una determinada acción. Los precios a los que otros traders e inversores están dispuestos a vender una acción se conocen como "precios de demanda". El orden de los precios de oferta y demanda se organiza de manera que el precio más alto aparece primero. El precio más alto al cual los compradores están dispuestos a realizar una compra, o el precio de oferta más alto, es el mejor precio para los vendedores. Es el mejor precio a los ojos del cliente. Los precios de oferta y demanda también muestran cuántas acciones están dispuestos a comprar o vender otros traders e inversores a niveles específicos. Los precios de demanda a menudo se enumeran a la derecha, mientras que los precios de oferta se colocan típicamente a la izquierda, colocando los mejores precios de oferta y demanda uno al lado del otro. Si deseas cumplir inmediatamente con tus órdenes de compra ahora, "compras" al precio más alto solicitado. Si deseas cumplir con tus órdenes de venta hoy, vendes al mejor precio de oferta.

Órdenes para el Day Trading Los tres tipos más comunes de órdenes de day trading son las órdenes de mercado, límite y de límite comercializable. Las órdenes de mercado son aquellas que se colocan de inmediato con el propósito de comprar o vender acciones al precio de mercado actual. Recuerda que estos términos se refieren a realizar una compra al mejor precio de oferta actual o una venta al mejor precio de demanda actual. Dependiendo de las condiciones del mercado y los cambios de precios posteriores durante el día, las órdenes de mercado pueden ser los peores o los mejores precios para operar. Tu orden de venta se ejecutará a $0.95 si envías una orden de mercado para vender cuando el rango de oferta-demanda sea de $1.00 a $1.05 y el rango ha cambiado a $0.95 a $1.01 cuando tu orden llega al mercado. En este caso, las ganancias de la venta se reducen en un mínimo de cinco centavos multiplicados por la cantidad de acciones vendidas. Considera colocar una orden de compra de mercado a $1.10 a $1.15 cuando los precios de oferta-demanda ahora son de $1.10 a $1.15. Los precios de oferta-demanda han cambiado a $1.12 a $1.17 cuando tu orden de mercado se ejecuta, lo que te cuesta $0.02 centavos extra por acción de esa acción. Solo los creadores de mercado y traders experimentados con amplios conocimientos y experiencia en day trading pueden beneficiarse del uso de órdenes de mercado. Los day traders minoristas como tú y yo deberíamos tratar de evitar las órdenes de mercado tanto como sea posible. ¿Por qué? Porque los day traders minoristas no tienen la capacidad de ver el flujo de órdenes en tiempo real, una habilidad crucial para evaluar si una orden de mercado es segura o si es probable que se enfrente a grandes desafíos de liquidez.

Órdenes de Límite Las órdenes de límite son aquellas en las que estableces un precio específico al cual estás dispuesto a comprar o vender una acción. Al igual que las órdenes de mercado, las órdenes de límite también deben ser ejecutadas en el mercado por tu broker. Sin embargo, con las órdenes de límite, especificas un precio límite y solo estarás dispuesto a comprar o vender al precio que hayas establecido o mejor. Esto puede protegerte de ejecuciones a precios menos favorables. Una orden de límite de compra de $1.05 significa que solo estás dispuesto a comprar acciones a $1.05 o menos. Si el mercado cambia y el mejor precio de oferta es de $1.04, obtendrás el precio más bajo disponible. Las órdenes de límite también tienen sus desventajas. Pueden no ser ejecutadas si el precio de mercado no alcanza tu precio límite, lo que significa que podrías perder oportunidades si el mercado se mueve rápidamente en la dirección opuesta antes de que tu orden sea ejecutada.

Órdenes de Límite Comercializable Las órdenes de límite comercializable son una variante de las órdenes de límite. Son órdenes que establecen un precio límite, pero con la adición de que están dispuestas a aceptar la ejecución inmediata si el precio alcanza su límite establecido o mejor. Por ejemplo, si estableces una orden de límite comercializable de venta a $1.10, estás diciendo que solo venderás a $1.10 o más, pero si hay un comprador dispuesto a comprar a $1.10 o más en ese momento, tu orden se ejecutará inmediatamente. Estas órdenes brindan una mayor flexibilidad que las órdenes de límite tradicionales al permitir la ejecución inmediata si está disponible, pero también ofrecen la protección de un precio límite.

Es importante entender estas órdenes y cómo se utilizan en el day trading para tomar decisiones informadas y ejecutar estrategias efectivas.

Capítulo Ocho

Mentalidad Ganadora Dedicación La sabiduría convencional sugiere que cualquier cosa compleja, como el day trading, requiere 10,000 horas de práctica para dominarse realmente. A ocho horas todos los días, esto se traduce en aproximadamente 3.5 años. En otras palabras, dominar el day trading es más como una maratón que como una carrera rápida. Serás un aprendiz de por vida. Los mejores day traders son aquellos que entienden que siempre se están creando nuevas y mejores estrategias, no aquellos que creen que ya lo han escuchado todo. Debido a que siempre están buscando los desarrollos más recientes en teoría y estrategia, los verdaderos profesionales pueden distinguirse de los aficionados que nunca podrán operar a tiempo completo. Incluso la investigación de hace siete días puede estar completamente desactualizada debido al movimiento diario de los mercados. No restrinjas tu potencial de ganancias;

en su lugar, decide cada día mejorarlo. Ten en cuenta que debes estudiar si quieres ganar dinero. Intuitivo. Los traders inteligentes no se preocupan por lo que piensan o hacen otras personas al realizar operaciones fuera de lo común; en cambio, realizan su propia investigación y confían en sí mismos. Los mejores triunfos se logran yendo contra la corriente, y esto es lo que separa a los ganadores ordinarios de los extraordinarios. Comprender la diferencia entre la exageración empresarial y los hechos concretos puede facilitar tanto encontrar grandes ofertas como evitar seguir a las ovejas que siguen ciegamente malos consejos. Si tienes miedo de seguir tu instinto, estudia más y comienza con operaciones pequeñas; el éxito temprano mejorará tu confianza en ti mismo y los resultados a largo plazo. Ten fe en tus habilidades, y el éxito llegará. Nunca estés desprevenido. Los traders más exitosos son aquellos que tienen un plan claro y saben cómo seguirlo sin importar qué. Esto no implica adherirse ciegamente a una estrategia que no esté dando los resultados deseados, pero sí indica que planificas con antelación cada día y tienes una idea clara de lo que estás buscando en las operaciones que persigues. Es importante adherirse a esta técnica, ya que es demasiado fácil para los traders, incluso los profesionales experimentados, dejar que sus emociones influyan en decisiones que se toman sin deliberación previa. Tu rendimiento diario en el trading mejorará gracias a tu capacidad para manejar tus emociones. Consciente de uno mismo. Los grandes traders conocen tanto sobre sí mismos como sobre sus mercados preferidos. Esto les ayuda a aprovechar al máximo sus fortalezas, al mismo tiempo que son conscientes de sus debilidades y saben cómo minimizar el impacto de estas durante el day trading diario. Conocer tus debilidades te ayudará a gestionar el riesgo de la manera más efectiva posible, produciendo rendimientos consistentemente excelentes. Decidido.

Los mejores traders son aquellos que no solo pueden hacer su tarea y estar preparados de antemano, sino también actuar cuando el momento es perfecto. El mercado puede cambiar en cuestión de segundos, y la capacidad de aprovechar una oportunidad cuando está en su apogeo puede hacer o deshacer una ganancia significativa. Esto no se trata de suerte o instintos, se trata de interpretar datos completamente nuevos y elegir la mejor acción en ese momento preciso. Auto-motivado. Los mejores traders son aquellos que están motivados por un deseo genuino de tener éxito en lo que hacen, en lugar de estar motivados por un jefe que los observa de cerca o por una acumulación de facturas en el correo. No podrás comprometerte a prepararte adecuadamente para las operaciones y operar con la disciplina necesaria para pasar de ser bueno a excepcional a menos que aproveches tu propia pasión por el éxito. Los mejores day traders son conscientes de su tolerancia al riesgo y nunca realizan inversiones que no puedan permitirse perder. Las pérdidas son inevitables para los traders, ya que ningún trader puede tener razón en cada ocasión. Este hecho solo significa que debes estar en una posición financieramente lo suficientemente fuerte como para que una sola operación fallida no te lleve a una espiral, resultando en varias operaciones malas y un capital desperdiciado. Mantén una distancia emocional entre tú y las operaciones para que siempre puedas escuchar la razón y mantener la emoción fuera de la conversación. Medido. Los traders expertos saben que tomar decisiones rápidas sin darles suficiente pensamiento es lo peor que puedes hacer. Tu objetivo siempre debe ser tomar decisiones proactivas en lugar de reactivas. Comprende todos los resultados posibles de un evento específico y qué harás en cada caso.

Conclusión

Como trader a tiempo completo, no tienes obligaciones con nadie. Solo tienes que responderte a ti mismo en tu capacidad como contratista independiente. No trabajas para un empleador autocrático que te observa desde su ventana de oficina para ver si estás trabajando. Cuando estás enfermo, puedes decidir quedarte en la cama todo el día.

La parte maravillosa del day trading es que puedes crear un enfoque de trading personalizado que se adapte a tu temperamento, personalidad y estilo de vida. Cuando el mercado se vuelve demasiado turbulento para gestionarlo, toma un día libre y completa cualquier tarea pendiente, como las tareas domésticas, cocinar o visitar a familiares o amigos. Puedes usar el dinero que ahorraste al evitar un mercado peligroso para tus hijos, recados o compras.

Lo mejor de utilizar el day trading como método para ganar dinero es que no requiere un título u otro conocimiento especializado. Antes de declararte listo para el trading activo, necesitarás absorber mucha información, pero no hay necesidad de certificación. Hay varias recursos gratuitos en internet que pueden ayudarte en tu búsqueda para aumentar tu alfabetización financiera. Puedes inscribirte en ellos. El enfoque óptimo es hacer tanto investigación en línea como leer un buen libro.

El day trading también te permite la flexibilidad de trabajar desde casa. Mientras disfrutas de tu café, trabajas desde la comodidad de tu hogar. No necesitas aprobación de nadie a cargo para llevar a cabo tus transacciones. Eres responsable de la manera en que se ejecutan las transacciones y de cualquier beneficio.

Uno de los beneficios más atractivos de ser un day trader es la oportunidad de dormir bien. Al final del día, todas tus transacciones están completas. No hay posibilidad de pérdida financiera durante la noche. No hay posibilidad de que mientras estás en el valle de los sueños, el valor de tus acciones caiga a cero. El day trading te proporciona más control sobre tu organización de trading y más certeza de beneficios. Si todo fue bien durante el día y ganaste suficiente dinero, puedes dormir tranquilo por la noche.

Strength training: Exercises that target various muscle groups to create a balanced, strong physique.

Warm-Up and Cool-Down Routines

Warming up before a workout increases blood flow, improves muscle elasticity, and prepares your body for the upcoming physical activity. A proper warm-up reduces the risk of injuries and enhances your overall workout performance. Similarly, cooling down after exercise allows your body to gradually return to its resting state and helps reduce muscle soreness. Here's a suggested warm-up and cool-down routine:

Warm-up (5-10 minutes):

Light cardio (e.g., brisk walking, jogging, jumping jacks)
Dynamic stretches (e.g., leg swings, arm circles, hip rotations)

Cool-down (5-10 minutes):

Light cardio (e.g., walking, slow jogging)
Static stretches (e.g., hamstring stretch, quad stretch, calf stretch)

Core Exercises for Hypertrophy

To achieve big, bulky abs, you need to focus on heavy and challenging exercises that promote muscle hypertrophy. Incorporate the following core exercises into your workout plan:

Planks: A fundamental core exercise that targets the entire abdominal area. Hold a plank position for 30-60 seconds, and increase the duration as you get stronger. To increase the challenge, try adding weight or performing variations like side planks or plank jacks.

Leg raises: Lie on your back with your legs extended and hands under your lower back. Raise your legs toward the ceiling until your hips lift off the ground, then lower them back down with control. Perform 3 sets of 10-15 reps. To increase the intensity, hold a weight between your feet or perform hanging leg raises.

Russian twists: Sit on the ground with your knees bent and feet off the floor. Hold a weight with both hands and twist your torso from side to side, touching the weight to the ground next to your hip. Perform 3 sets of 12-15 reps per side. To make it harder, increase the weight or perform the exercise on an incline bench.

Feel free to adjust the exercises based on your preferences or limitations, and consider incorporating additional exercises to target specific muscle groups.

Putting It All Together

Your six-pack abs workout plan should consist of a well-rounded routine that includes core exercises, cardio workouts, and strength training.

Remember to always include warm-up and cool-down routines in each workout session to minimize the risk of injury and improve your overall performance.

Stay consistent with your workout plan and adjust the intensity and exercises as needed to continually challenge your body and make progress toward your six-pack abs goal.

By following the workout plan you will get at the end of this book, you'll be well on your way to achieving the sculpted, toned abs you've always desired.

Combined with proper nutrition, fasting, and walking, you'll create a balanced, strong, and healthy physique that showcases your hard work and dedication.

Part 6: Nutritious and Delicious Recipes for a Six-Pack Diet

Good nutrition is a vital component of your journey to achieve six-pack abs. The food you consume provides the necessary fuel and nutrients to support your workouts, recovery, and overall health.

In this chapter, we'll explore the role of nutrition in revealing your abs, meal planning and prepping for success, and provide a variety of delicious recipes for breakfast, lunch, and dinner, as well as snack ideas and healthy dessert options. We'll also discuss how to adapt recipes to accommodate dietary restrictions and preferences.

The Role of Nutrition in Revealing Your Abs

As we've discussed in previous chapters, achieving six-pack abs requires a combination of regular exercise, a well-balanced diet, and adequate rest.

While exercise and rest are crucial, proper nutrition plays a significant role in fat loss and muscle development. Consuming a diet rich in lean proteins, healthy fats, complex carbohydrates, and an abundance of fruits and vegetables is essential for building and maintaining a lean, muscular physique.

Prioritizing nutrition will not only help you achieve six-pack abs but also support your overall health and well-being.

Meal Planning and Prepping for Success

Meal planning and prepping are essential components of a successful six-pack diet. By planning your meals in advance and preparing them ahead of time, you'll save time and money, reduce stress, and make it easier to stay on track with your nutrition goals.

Consider the following tips for successful meal planning and prepping:

- Choose a day of the week to plan your meals and create a shopping list.
- Shop for groceries once a week, stocking up on healthy ingredients and minimizing processed foods.
- Dedicate a few hours each week to preparing meals in advance, such as cooking proteins, chopping vegetables, and portioning snacks.
- Store prepped meals in individual containers for easy, grab-and-go options throughout the week.

Break-Fast Recipes

The saying, "breakfast is the most important meal of the day" has been around for ages, and for good reason. Breaking your fast with a nutritious and balanced meal not only sets you up for success in terms of energy levels and mental clarity but can also support your goals of achieving six-pack abs.

In this chapter, we'll explore a variety of recipes to break your fast that are not only delicious but also provide the necessary nutrients to support your fitness journey.

Whether you prefer a savory breakfast or something sweet, there's something here for everyone. So, let's dive in and start the day off right with a satisfying and nourishing meal.

Protein Pancakes

(Serves 2, Cook Time: 20 minutes, Calories: 450 per serving, Macros: 30g protein, 60g carbs, 12g fat)

Ingredients:

- 1 cup oats
- 1 medium banana
- 2 large eggs
- 1/2 cup Greek yogurt
- 1 tsp baking powder
- 1/4 cup milk of choice
- 1 scoop protein powder (optional)

Instructions:

1. Blend all ingredients in a blender until smooth.
2. Heat a non-stick skillet over medium heat and pour 1/4 cup of batter per pancake.
3. Cook until bubbles appear on the surface, then flip and cook for another 1-2 minutes.
4. Serve with your favorite fruit and a drizzle of honey or maple syrup.

Veggie and Egg Scramble

(Serves 1, Cook Time: 15 minutes, Calories: 450 per serving, Macros: 26g protein, 22g carbs, 30g fat)

Ingredients:

- 3 large eggs
- 1 cup chopped bell peppers
- 1/2 cup diced onions
- 1/2 cup diced tomatoes
- 1/4 cup crumbled feta cheese
- 1 tbsp olive oil
- Salt and pepper to taste

Instructions:

1. Heat olive oil in a skillet over medium heat.
2. Add onions and bell peppers and cook for 5-7 minutes, until softened.
3. Add tomatoes and cook for another 2-3 minutes.
4. In a bowl, whisk the eggs and pour them into the skillet, stirring continuously.
5. Cook until the eggs are set, then stir in feta cheese, salt, and pepper.
6. Serve with a side of whole-grain toast or fresh fruit.

Veggie and Egg Breakfast Bowl
(Serves 1, Cook Time: 15 minutes, Calories: 280 per serving, Macros: 22g protein, 16g carbs, 14g fat)

Ingredients:

- 2 large eggs
- 1 cup spinach
- 1/2 cup cherry tomatoes
- 1/4 cup chopped bell pepper
- 1/4 cup chopped red onion
- Salt and pepper to taste
- 1 tsp olive oil

Instructions:

1. Heat olive oil in a skillet over medium heat.
2. Add bell pepper and onion to the skillet and sauté for 2-3 minutes.
3. Add cherry tomatoes and spinach to the skillet and continue cooking until the spinach is wilted.
4. Crack two eggs into the skillet and cook until the whites are set and the yolks are runny.
5. Season with salt and pepper to taste.

Protein-Packed French Toast

(Serves 2, Cook Time: 15 minutes, Calories: 280 per serving, Macros: 18g protein, 24g carbs, 11g fat)

Ingredients:

- 4 slices whole wheat bread
- 2 large eggs
- 1/2 cup unsweetened almond milk
- 1/2 tsp cinnamon
- 1 tsp vanilla extract
- 1 scoop vanilla protein powder (optional)
- 1 tbsp butter

Instructions:

1. Preheat a non-stick skillet over medium heat.
2. In a shallow bowl, whisk together the eggs, almond milk, cinnamon, vanilla extract, and protein powder (if using).
3. Dip each slice of bread into the egg mixture, coating both sides.
4. Melt the butter in the skillet and place the bread slices in the skillet.
5. Cook until both sides are golden brown, about 2-3 minutes per side.

Sweet Potato and Black Bean Breakfast Burrito

(Serves 1, Cook Time: 20 minutes, Calories: 360 per serving, Macros: 16g protein, 54g carbs, 8g fat)

Ingredients:

- 1 small sweet potato, diced
- 1/4 cup black beans, drained and rinsed
- 1/4 cup chopped red onion
- 1/4 cup chopped bell pepper
- 2 large eggs, scrambled
- 1 whole wheat tortilla
- Salt and pepper to taste

Instructions:

1. Preheat a non-stick skillet over medium heat.
2. Add the sweet potato, black beans, red onion, and bell pepper to the skillet and sauté until the sweet potato is tender, about 10 minutes.
3. Add the scrambled eggs to the skillet and continue cooking until the eggs are set.
4. Warm the tortilla in the microwave for 15-20 seconds.

5. Spoon the sweet potato and egg mixture
    onto the tortilla, season with salt and
    pepper to taste, and wrap into a burrito.

High-Protein Quinoa Breakfast Bowl

(Serves 1, Cook Time: 15 minutes, Calories: 330 per serving, Macros: 19g protein, 36g carbs, 13g fat)

Ingredients:

- 1/2 cup cooked quinoa
- 1/2 cup chopped kale
- 1/4 cup cherry tomatoes, halved
- 1/4 cup crumbled feta cheese
- 1 tbsp chopped walnuts
- 1 large egg, fried
- Salt and pepper to taste

Instructions:

1. In a bowl, combine the cooked quinoa, chopped kale, cherry tomatoes, crumbled feta cheese, and chopped walnuts.
2. Heat a non-stick skillet over medium heat and fry the egg to your liking.
3. Place the fried egg on top of the quinoa and kale mixture.
4. Season with salt and pepper to taste.

Greek Yogurt and Berry Parfait

(Serves 1, Prep Time: 10 minutes, Calories: 250 per serving, Macros: 23g protein, 30g carbs, 5g fat)

Ingredients:

- 1 cup plain Greek yogurt
- 1/2 cup mixed berries (strawberries, blueberries, raspberries)
- 1 tbsp honey
- 1 tbsp chopped almonds

Instructions:

1. In a bowl or glass, layer the Greek yogurt, mixed berries, honey, and chopped almonds.
2. Repeat the layering until all the ingredients are used.
3. Enjoy immediately or refrigerate until ready to eat.

Low-Carb Breakfast Sandwich

(Serves 1, Cook Time: 10 minutes, Calories: 320 per serving, Macros: 25g protein, 8g carbs, 22g fat)

Ingredients:

- 2 slices of bacon
- 1 large egg
- 1 slice of cheddar cheese
- 1 slice of tomato
- 1 leaf of lettuce
- 1 tbsp mayonnaise

Instructions:

1. Cook the bacon in a skillet until crispy.
2. Remove the bacon from the skillet and drain on paper towels.
3. In the same skillet, fry the egg to your liking.
4. Place the slice of cheddar cheese on top of the egg to melt.
5. Assemble the sandwich by placing the bacon, tomato, lettuce, and mayonnaise on a plate, then adding the egg and cheese on top.
6. Serve immediately.

Turkey Sausage and Veggie Scramble

(Serves 1, Cook Time: 15 minutes, Calories: 290 per serving, Macros: 23g protein, 12g carbs, 18g fat)

Ingredients:

- 2 turkey sausage links, sliced
- 1/2 cup chopped bell pepper
- 1/4 cup chopped onion
- 1/4 cup chopped zucchini
- 2 large eggs, scrambled
- Salt and pepper to taste

Instructions:

1. In a non-stick skillet, cook the turkey sausage slices until browned on both sides.
2. Add the bell pepper, onion, and zucchini to the skillet and sauté until tender.
3. Add the scrambled eggs to the skillet and continue cooking until the eggs are set.
4. Season with salt and pepper to taste.

Cottage Cheese and Blueberry Pancakes

(Serves 2, Cook Time: 15 minutes, Calories: 250 per serving, Macros: 16g protein, 25g carbs, 9g fat)

Ingredients:

- 1/2 cup cottage cheese
- 2 large eggs
- 1/4 cup almond flour
- 1/4 cup fresh blueberries
- 1 tbsp butter

Instructions:

1. In a blender, combine the cottage cheese, eggs, and almond flour until smooth.
2. Heat a non-stick skillet over medium heat and melt the butter in the skillet.
3. Pour 1/4 cup of batter per pancake into the skillet.
4. Place a few blueberries on each pancake.
5. Cook until bubbles appear on the surface, then flip and cook for another 1-2 minutes.
6. Serve with additional blueberries and a drizzle of honey or maple syrup.

Lunch Recipes

Lunchtime is often a challenging meal to plan for when trying to eat healthily and maintain a consistent workout routine.

It's easy to fall into the trap of reaching for fast food or pre-packaged meals that may be convenient but lack the necessary nutrients to support your goals. That's where this chapter comes in.

Here, we'll explore a variety of lunch recipes that are both delicious and nutritious, providing the fuel your body needs to power through the rest of the day.

From salads to wraps to soups, there's something here for every taste preference. So, let's step away from the vending machine and explore some satisfying and nourishing lunch options.

Grilled Chicken Salad with Avocado and Quinoa

(Serves 2, Cook Time: 25 minutes, Calories: 580 per serving, Macros: 45g protein, 40g carbs, 28g fat)

Ingredients:

- 1 lb grilled chicken breast, sliced
- 1 cup cooked quinoa
- 2 cups mixed greens
- 1 large avocado, sliced
- 1/2 cup cherry tomatoes, halved
- 1/4 cup chopped red onion
- 1/4 cup chopped fresh cilantro
- 2 tbsp olive oil
- Juice of 1 lime
- Salt and pepper to taste

Instructions:

1. In a large bowl, combine mixed greens, quinoa, avocado, cherry tomatoes, red onion, and cilantro.
2. Top with grilled chicken slices.
3. In a small bowl, whisk together olive oil, lime juice, salt, and pepper to make the dressing.

4. Drizzle dressing over the salad and toss to combine.

Turkey and Veggie Wrap

(Serves 1, Cook Time: 10 minutes, Calories: 410 per serving, Macros: 35g protein, 45g carbs, 12g fat)

Ingredients:

- 1 large whole-grain tortilla
- 3 oz sliced turkey breast
- 1/4 cup hummus
- 1/2 cup mixed greens
- 1/4 cup shredded carrots
- 1/4 cup sliced cucumber
- 1/4 cup sliced red bell pepper
- Salt and pepper to taste

Instructions:

1. Lay the tortilla on a flat surface and spread hummus evenly over it.
2. Layer turkey breast, mixed greens, shredded carrots, cucumber, and red bell pepper on top of the hummus.
3. Season with salt and pepper to taste.
4. Carefully roll up the tortilla, tucking in the sides as you go.
5. Slice the wrap in half and enjoy with a side of fresh fruit or a small salad.

Greek Chicken Salad

(Serves 2, Prep Time: 10 minutes, Calories: 400 per serving, Macros: 34g protein, 10g carbs, 27g fat)

Ingredients:

- 2 cups mixed greens
- 1/2 cucumber, sliced
- 1/2 red onion, sliced
- 1/2 cup cherry tomatoes, halved
- 1/2 cup cooked chicken breast, diced
- 1/4 cup crumbled feta cheese
- 2 tbsp Greek vinaigrette dressing

Instructions:

1. In a large bowl, combine the mixed greens, cucumber, red onion, and cherry tomatoes.
2. Add the cooked chicken breast and crumbled feta cheese to the bowl.
3. Drizzle with the Greek vinaigrette dressing and toss to coat.
4. Serve and enjoy.

Turkey and Avocado Wrap

(Serves 1, Prep Time: 10 minutes, Calories: 360 per serving, Macros: 22g protein, 28g carbs, 20g fat)

Ingredients:

- 1 large whole wheat wrap
- 3 slices deli turkey breast
- 1/2 avocado, sliced
- 1/4 cup diced tomato
- 1/4 cup shredded lettuce
- 1 tbsp honey mustard

Instructions:

1. Lay the whole wheat wrap flat on a plate.
2. Layer the deli turkey breast, avocado, diced tomato, and shredded lettuce on top of the wrap.
3. Drizzle with honey mustard and wrap tightly.
4. Serve and enjoy.

Chicken and Quinoa Bowl

(Serves 2, Prep Time: 20 minutes, Calories: 400 per serving, Macros: 32g protein, 34g carbs, 14g fat)

Ingredients:

- 1 cup cooked quinoa
- 1/2 cup cooked chicken breast, diced
- 1/2 cup roasted sweet potato, diced
- 1/2 cup steamed broccoli florets
- 2 tbsp tahini dressing
- 2 tbsp chopped almonds

Instructions:

1. In a large bowl, combine the cooked quinoa, diced chicken breast, roasted sweet potato, and steamed broccoli florets.
2. Drizzle with the tahini dressing and toss to coat.
3. Top with chopped almonds and serve.

Tuna Salad Lettuce Wraps

(Serves 2, Prep Time: 10 minutes, Calories: 250 per serving, Macros: 25g protein, 5g carbs, 15g fat)

Ingredients:
- 2 large lettuce leaves
- 1 can tuna, drained
- 2 tbsp Greek yogurt
- 1/4 cup diced celery
- 1/4 cup diced red onion
- 1/2 avocado, mashed
- Salt and pepper to taste

Instructions:

1. Lay the lettuce leaves flat on a plate.
2. In a small bowl, mix the drained tuna, Greek yogurt, diced celery, and diced red onion.
3. Season with salt and pepper to taste.
4. Spread the mashed avocado on the lettuce leaves.
5. Spoon the tuna salad mixture onto the avocado.
6. Roll up the lettuce leaves and serve.

Veggie Burger Bowl

(Serves 2, Prep Time: 20 minutes, Calories: 300 per serving, Macros: 20g protein, 30g carbs, 12g fat)

Ingredients:

- 2 cooked veggie burgers, crumbled
- 2 cups mixed greens
- 1/2 cup cherry tomatoes, halved
- 1/4 cup diced red onion
- 1/2 avocado, sliced
- 2 tbsp balsamic vinaigrette dressing

Instructions:

1. In a large bowl, combine the crumbled veggie burgers, mixed greens, cherry tomatoes, and diced red onion.
2. Top with sliced avocado and drizzle with balsamic vinaigrette dressing.
3. Serve and enjoy!

Grilled Chicken and Veggie Kabobs

(Serves 2, Prep Time: 30 minutes, Calories: 300 per serving, Macros: 25g protein, 20g carbs, 14g fat)

Ingredients:

- 2 chicken breasts, cut into cubes
- 1 red onion, cut into chunks
- 1 zucchini, sliced
- 1 yellow squash, sliced
- 1 red bell pepper, cut into chunks
- 1 green bell pepper, cut into chunks
- 1/4 cup olive oil
- 2 tbsp balsamic vinegar
- 1 tsp dried oregano
- Salt and pepper to taste

Instructions:

1. Preheat grill to medium-high heat.
2. Thread the chicken, onion, zucchini, squash, and bell peppers onto skewers.
3. In a small bowl, mix together the olive oil, balsamic vinegar, dried oregano, salt, and pepper.
4. Brush the kabobs with the olive oil mixture.

5. Grill the kabobs for 10-12 minutes, turning occasionally, until the chicken is cooked through.
6. Serve and enjoy.

Shrimp and Quinoa Salad

(Serves 2, Prep Time: 15 minutes, Calories: 350 per serving, Macros: 22g protein, 35g carbs, 12g fat)

Ingredients:

- 1 cup cooked quinoa
- 1/2 lb cooked shrimp
- 1/2 cup diced cucumber
- 1/2 cup diced red bell pepper
- 1/4 cup chopped fresh parsley
- 2 tbsp lemon juice
- 2 tbsp olive oil
- Salt and pepper to taste

Instructions:

1. In a large bowl, combine the cooked quinoa, cooked shrimp, diced cucumber, diced red bell pepper, and chopped fresh parsley.
2. In a small bowl, whisk together the lemon juice, olive oil, salt, and pepper.
3. Pour the dressing over the quinoa and shrimp mixture.
4. Toss to coat and serve.

Grilled Chicken Caesar Salad

(Serves 2, Prep Time: 20 minutes, Calories: 400 per serving, Macros: 30g protein, 10g carbs, 28g fat)

Ingredients:

- 2 chicken breasts, grilled and sliced
- 4 cups chopped romaine lettuce
- 1/4 cup grated Parmesan cheese
- 1/4 cup croutons
- 2 tbsp Caesar dressing

Instructions:

1. In a large bowl, combine the chopped romaine lettuce, grated Parmesan cheese, and croutons.
2. Add the grilled and sliced chicken breasts to the bowl.
3. Drizzle with the Caesar dressing and toss to coat.
4. Serve and enjoy.

Dinner Recipes

Dinner is often the meal where we wind down after a busy day and sit down to enjoy a satisfying and nourishing meal with our loved ones.

But when it comes to maintaining a healthy diet and achieving six-pack abs, it can be challenging to find dinner recipes that are both flavorful and packed with the necessary nutrients.

That's where this chapter comes in. Here, we'll explore a variety of dinner recipes that are not only delicious but also support your fitness goals.

From baked salmon to stir-fry to hearty vegetarian dishes, there's something here for every taste preference. So, let's get cooking and enjoy a nourishing and satisfying dinner together.

Baked Salmon with Roasted Vegetables

(Serves 4, Cook Time: 40 minutes, Calories: 560 per serving, Macros: 40g protein, 30g carbs, 28g fat)

Ingredients:

- 4 salmon fillets (about 6 oz each)
- 2 cups chopped broccoli
- 2 cups chopped cauliflower
- 1 cup cherry tomatoes
- 1/4 cup olive oil
- Juice of 1 lemon
- 2 cloves garlic, minced
- Salt and pepper to taste
- Fresh parsley for garnish

Instructions:

1. Preheat oven to 400°F (200°C).
2. In a large bowl, combine broccoli, cauliflower, cherry tomatoes, 2 tablespoons of olive oil, salt, and pepper. Toss to coat the vegetables evenly.
3. Spread vegetables on a baking sheet in a single layer and roast for 20-25 minutes, stirring halfway through cooking.

4. Meanwhile, in a small bowl, whisk together the remaining olive oil, lemon juice, garlic, salt, and pepper.
5. Place the salmon fillets on a separate baking sheet, brush with the lemon-garlic mixture, and bake for 12-15 minutes, or until the salmon flakes easily with a fork.
6. Serve the baked salmon with roasted vegetables, garnished with fresh parsley.

Chicken and Vegetable Stir-Fry

(Serves 4, Cook Time: 25 minutes, Calories: 480 per serving, Macros: 38g protein, 45g carbs, 14g fat)

Ingredients:

- 1 lb boneless, skinless chicken breast, thinly sliced
- 2 cups broccoli florets
- 1 cup sliced bell pepper
- 1 cup sliced zucchini
- 1/2 cup sliced onion
- 2 cloves garlic, minced
- 2 tbsp low-sodium soy sauce
- 1 tbsp honey
- 1 tbsp cornstarch
- 1/4 cup water
- 2 tbsp vegetable oil
- Cooked brown rice for serving

Instructions:

1. In a small bowl, whisk together soy sauce, honey, cornstarch, and water. Set aside.
2. Heat 1 tablespoon of vegetable oil in a large skillet or wok over medium-high heat.

3. Add chicken to the skillet and cook until no longer pink, about 4-5 minutes per side. Remove from skillet and set aside.
4. Heat the remaining vegetable oil in the skillet, then add garlic, broccoli, bell pepper, zucchini, and onion. Cook for 5-7 minutes, stirring frequently, until vegetables are tender-crisp.
5. Return the chicken to the skillet and pour the soy sauce mixture over the chicken and vegetables. Cook for another 2-3 minutes, stirring to coat everything evenly.
6. Serve the stir-fry over cooked brown rice for a balanced, satisfying meal.

Grilled Steak with Roasted Vegetables

(Serves 2, Cook Time: 30 minutes, Calories: 400 per serving, Macros: 30g protein, 20g carbs, 22g fat)

Ingredients:

- 2 ribeye steaks
- 1 cup cherry tomatoes
- 1 cup sliced zucchini
- 1 cup sliced yellow squash
- 1 tbsp olive oil
- 1 tsp dried thyme
- Salt and pepper to taste

Instructions:

1. Preheat grill to medium-high heat.
2. Season the steaks with salt and pepper.
3. In a small bowl, mix together the olive oil, dried thyme, salt, and pepper.
4. Brush the cherry tomatoes, zucchini, and yellow squash with the olive oil mixture.
5. Grill the steaks for 3-4 minutes per side for medium-rare.
6. Grill the vegetables for 5-7 minutes, until tender.
7. Serve the steaks with the roasted vegetables.

Baked Salmon with Asparagus

(Serves 2, Cook Time: 20 minutes, Calories: 350 per serving, Macros: 30g protein, 10g carbs, 22g fat)

Ingredients:

- 2 salmon fillets
- 1 lb asparagus, trimmed
- 2 tbsp olive oil
- 1 tbsp minced garlic
- 1 tsp dried dill
- Salt and pepper to taste

Instructions:

1. Preheat oven to 400°F.
2. Place the salmon fillets on a baking sheet.
3. In a small bowl, mix together the olive oil, minced garlic, dried dill, salt, and pepper.
4. Brush the salmon fillets with the olive oil mixture.
5. Arrange the asparagus around the salmon fillets on the baking sheet.
6. Drizzle the asparagus with the remaining olive oil mixture.
7. Bake for 12-15 minutes, until the salmon is cooked through and the asparagus is tender.

8. Serve and enjoy.

Turkey and Vegetable Stir-Fry

(Serves 2, Cook Time: 20 minutes, Calories: 300 per serving, Macros: 25g protein, 15g carbs, 16g fat)

Ingredients:

- 1 lb ground turkey
- 1 cup sliced bell peppers
- 1 cup sliced mushrooms
- 1 cup sliced onions
- 2 tbsp olive oil
- 2 tbsp soy sauce
- 1 tsp minced ginger
- 1 tsp minced garlic
- Salt and pepper to taste

Instructions:

1. Heat a large skillet over medium-high heat.
2. Add the ground turkey to the skillet and cook until browned.
3. Add the bell peppers, mushrooms, and onions to the skillet and cook until tender.
4. In a small bowl, whisk together the olive oil, soy sauce, minced ginger, minced garlic, salt, and pepper.

5. Pour the soy sauce mixture over the turkey and vegetables and toss to coat.
6. Cook for an additional 2-3 minutes.
7. Serve and enjoy.

Grilled Chicken Caesar Wrap

(Serves 2, Cook Time: 15 minutes, Calories: 350 per serving, Macros: 30g protein, 20g carbs, 18g fat)

Ingredients:

- 2 grilled chicken breasts, sliced
- 2 whole wheat tortillas
- 2 cups chopped romaine lettuce
- 1/4 cup grated Parmesan cheese
- 2 tbsp Caesar dressing

Instructions:
1. Heat the tortillas in a skillet over medium heat.
2. In a large bowl, combine the sliced grilled chicken breasts, chopped romaine lettuce, grated Parmesan cheese, and Caesar dressing.
3. Divide the chicken and lettuce mixture between the two tortillas.
4. Roll up the tortillas and serve.

Pesto Grilled Chicken

(Serves 4, Cook Time: 20 minutes, Calories: 320 per serving, Macros: 40g protein, 2g carbs, 16g fat)

Ingredients:

- 4 boneless, skinless chicken breasts
- 1/4 cup basil pesto
- 1 tbsp olive oil
- Salt and pepper to taste

Instructions:

1. Preheat grill to medium-high heat.
2. Pound chicken breasts to an even thickness.
3. Season both sides with salt and pepper.
4. Mix pesto and olive oil in a small bowl.
5. Brush chicken with pesto mixture.
6. Place chicken on the grill and cook for 6-8 minutes per side, or until cooked through.
7. Serve with your favorite roasted vegetables.

Teriyaki Salmon

(Serves 2, Cook Time: 15 minutes, Calories: 400 per serving, Macros: 30g protein, 20g carbs, 20g fat)

Ingredients:

- 2 salmon fillets
- 1/4 cup teriyaki sauce
- 1 tbsp honey
- 1 tbsp rice vinegar
- 1/2 tsp garlic powder
- 1/2 tsp ginger powder
- Salt and pepper to taste
- Sliced green onions for garnish

Instructions:

1. Preheat oven to 375°F.
2. Mix teriyaki sauce, honey, rice vinegar, garlic powder, and ginger powder in a small bowl.
3. Season salmon with salt and pepper.
4. Brush salmon with teriyaki mixture.
5. Place salmon in a baking dish and bake for 12-15 minutes, or until cooked through.
6. Garnish with sliced green onions.
7. Serve with a side of steamed broccoli or brown rice.

Snack Ideas and Healthy Dessert Options

Snacking and desserts are often thought of as indulgences that don't fit into a healthy lifestyle. But the truth is, it's possible to enjoy delicious snacks and desserts that support your goals of achieving six-pack abs.

In this chapter, we'll explore a variety of snack and dessert options that are both nutritious and satisfying, providing the necessary fuel your body needs while satisfying your sweet tooth or mid-day cravings.

From roasted chickpeas to Greek yogurt parfait to dark chocolate almond clusters, there's something here for every taste preference.

So, let's dive in and discover how to snack and indulge in a healthy and nourishing way.

Greek Yogurt Parfait

(Serves 1, Cook Time: 5 minutes, Calories: 260 per serving, Macros: 15g protein, 40g carbs, 4g fat)

Ingredients:

- 1 cup non-fat Greek yogurt
- 1/2 cup mixed berries (fresh or frozen)
- 1/4 cup granola
- 1 tbsp honey or maple syrup

Instructions:

1. Layer Greek yogurt, berries, and granola in a tall glass or a bowl.
2. Drizzle with honey or maple syrup.
3. Enjoy immediately or refrigerate for up to 2 hours.

Peanut Butter Banana Smoothie

(Serves 1, Cook Time: 5 minutes, Calories: 330 per serving, Macros: 12g protein, 50g carbs, 12g fat)

Ingredients:

- 1 medium banana
- 1 cup unsweetened almond milk
- 2 tbsp natural peanut butter
- 1 tbsp honey or maple syrup
- 1 cup ice

Instructions:

1. Combine all ingredients in a blender and blend until smooth.
2. Pour into a glass and enjoy as a refreshing, protein-packed snack.

Roasted Chickpeas

(Serves 4, Cook Time: 40 minutes, Calories: 160 per serving, Macros: 6g protein, 24g carbs, 4g fat)

Ingredients:

- 2 cups cooked chickpeas, drained and rinsed
- 1 tbsp olive oil
- 1/2 tsp paprika
- 1/2 tsp garlic powder
- Salt and pepper to taste

Instructions:

1. Preheat oven to 400°F (200°C).
2. In a bowl, combine chickpeas, olive oil, paprika, garlic powder, salt, and pepper. Toss to coat evenly.
3. Spread chickpeas on a baking sheet in a single layer and roast for 30-40 minutes, stirring occasionally, until crispy and golden brown.
4. Allow to cool slightly before serving as a crunchy, high-protein snack.

Dark Chocolate and Almond Clusters

(Serves 8, Cook Time: 15 minutes, Calories: 180 per serving, Macros: 4g protein, 12g carbs, 14g fat)

Ingredients:

- 4 oz dark chocolate (70% or higher)
- 1 cup raw almonds

Instructions:

1. Line a baking sheet with parchment paper.
2. In a microwave-safe bowl, melt the dark chocolate in 30-second intervals, stirring between each interval until smooth.
3. Stir in the almonds, ensuring they are evenly coated in chocolate.
4. Spoon small clusters of chocolate-covered almonds onto the prepared baking sheet.
5. Refrigerate for 10-15 minutes, or until the chocolate has hardened.
6. Store in an airtight container at room temperature or in the refrigerator for up to two weeks.

Chocolate Peanut Butter Protein Balls

(Serves 12, Prep Time: 10 minutes, Calories: 150 per serving, Macros: 8g protein, 11g carbs, 8g fat)

Ingredients:

- 1 cup rolled oats
- 1/2 cup natural peanut butter
- 1/4 cup honey
- 1/4 cup chocolate protein powder
- 1/4 cup dark chocolate chips
- 1/4 cup chopped peanuts

Instructions:

1. In a mixing bowl, stir together oats, peanut butter, honey, and protein powder.
2. Fold in chocolate chips and chopped peanuts.
3. Roll mixture into 12 balls and refrigerate for at least 1 hour before serving.

Greek Yogurt Parfait

(Serves 1, Prep Time: 5 minutes, Calories: 200 per serving, Macros: 22g protein, 20g carbs, 5g fat)

Ingredients:

- 1/2 cup plain Greek yogurt
- 1/2 cup mixed berries
- 1/4 cup granola

Instructions:

1. In a glass or bowl, layer yogurt, berries, and granola.
2. Repeat layering until all ingredients are used up.
3. Serve immediately.

Apple Nachos

(Serves 2, Prep Time: 10 minutes, Calories: 200 per serving, Macros: 3g protein, 35g carbs, 7g fat)

Ingredients:

- 2 apples, sliced
- 2 tbsp almond butter
- 2 tbsp dark chocolate chips
- 1/4 cup chopped nuts

Instructions:

1. Arrange apple slices on a plate.
2. Drizzle almond butter over the apples.
3. Sprinkle with chocolate chips and chopped nuts.
4. Serve immediately.

Chocolate Banana Smoothie

(Serves 1, Prep Time: 5 minutes, Calories: 300 per serving, Macros: 25g protein, 42g carbs, 7g fat)

Ingredients:

- 1 banana, sliced
- 1 scoop chocolate protein powder
- 1 cup unsweetened almond milk
- 1/2 tsp vanilla extract
- Handful of ice cubes

Instructions:

1. In a blender, combine banana, protein powder, almond milk, vanilla extract, and ice cubes.
2. Blend until smooth and creamy.
3. Serve immediately.

Cottage Cheese with Berries and Nuts

(Serves 1, Prep Time: 5 minutes, Calories: 200 per serving, Macros: 22g protein, 14g carbs, 8g fat)

Ingredients:

- 1/2 cup low-fat cottage cheese
- 1/2 cup mixed berries
- 1/4 cup chopped nuts

Instructions:

1. In a bowl, mix cottage cheese and mixed berries.
2. Sprinkle chopped nuts on top.
3. Serve immediately.

Chocolate Protein Pudding

(Serves 1, Prep Time: 5 minutes, Calories: 200 per serving, Macros: 20g protein, 10g carbs, 7g fat)

Ingredients:

- 1/2 cup Greek yogurt
- 1 scoop chocolate protein powder
- 1 tbsp almond milk
- 1 tbsp chia seeds
- Dark chocolate shavings for garnish

Instructions:

1. In a bowl, whisk together Greek yogurt, protein powder, almond milk, and chia seeds.
2. Let the mixture sit for at least 5 minutes until it thickens.
3. Garnish with dark chocolate shavings.
4. Serve immediately.

These recipes provide a solid foundation for a diet designed to help you reveal your six-pack abs. Feel free to customize them to accommodate your dietary preferences or restrictions. By prioritizing wholesome, nutrient-dense foods and maintaining a consistent workout plan, you'll be on your way to achieving your six-pack goals.

Adapting Recipes to Accommodate Dietary Restrictions and Preferences

If you have dietary restrictions or preferences, you can easily adapt the recipes in this chapter to suit your needs. Here are some tips for common dietary restrictions:

a. Gluten-free: Swap out ingredients containing gluten (such as wheat flour) with gluten-free alternatives (such as almond flour or coconut flour).

b. Dairy-free: Substitute dairy products (such as milk, cheese, or yogurt) with plant-based alternatives (such as almond milk, nutritional yeast, or coconut yogurt).

c. Vegetarian or Vegan: Omit meat or animal products (such as chicken or eggs) and replace them with plant-based sources of protein (such as tofu, tempeh, beans, or legumes).

d. Low-carb or Keto: Limit high-carb ingredients (such as bread, pasta, or potatoes) and increase healthy fats (such as avocado, nuts, or coconut oil).

By making small tweaks to recipes, you can create meals that fit your dietary needs while still providing the necessary nutrients to support your six-pack goals.

Conclusion

In conclusion, nutrition plays a critical role in achieving six-pack abs, and this chapter has provided a range of recipes to support your goals. However, it's important to note that everyone's dietary needs and fitness goals are unique. Therefore, it's essential to adjust your meals based on your individual requirements and weight. Keep in mind the necessary caloric deficit and protein requirements when choosing which meals to eat and make adjustments accordingly.

Additionally, meal planning and prepping are essential to maintain consistency and stay on track with your goals. By taking the time to plan and prepare your meals in advance, you'll have healthy options readily available and will be less likely to resort to less healthy alternatives.

Remember, achieving six-pack abs is a process that requires dedication and discipline, both in terms of nutrition and exercise. By combining a consistent workout plan with a healthy and nutritious diet, you'll be well on your way to reaching your fitness goals. So, experiment with the recipes in this chapter, make adjustments based on your individual needs, and enjoy the

process of nourishing your body toward your
goals.

Part 7: Six Weeks To Six Pack

Congratulations on embarking on the journey to achieve your six-pack abs! In this chapter, we will provide you with a detailed six-week plan that incorporates all the elements we have discussed in this book - caloric deficit, intermittent fasting, walking 10,000 steps or more, exercise, and diet. This plan is designed to help you achieve your fitness goals in a safe, sustainable, and effective way.

Week 1:

- Aim for 8,000 steps daily.
- Begin with a 16-8 hour intermittent fasting plan.
- Complete a full-body weight training session three times per week.
- Incorporate an ab routine twice per week.
- Complete one cardio session per week.
- Aim for a 200-calorie deficit each day and 200 calorie surplus on the rest day.

Day 1:

- [ ] **FAST:** Complete a 16-hour fast.
- [ ] **STEPS:** Aim for 8,000 steps throughout the day.
- [ ] **WATER:** Stay hydrated by drinking at least 8 cups of water.
- [ ] **CALORIES:** 200 Calorie Deficit
- [ ] **EXERCISE:** Full-Body weight training session A
- [ ] **VISUALIZATION:** Complete a 5-minute visualization

Day 2:

- [ ] **FAST:** Complete a 16-hour fast.
- [ ] **STEPS:** Aim for 8,000 steps throughout the day.
- [ ] **WATER:** Stay hydrated by drinking at least 8 cups of water.
- [ ] **CALORIES:** 200 Calorie Deficit
- [ ] **EXERCISE:** Ab routine A
- [ ] **VISUALIZATION:** Complete a 5-minute visualization

Day 3:

- ☐ **FAST:** Complete a 16-hour fast.
- ☐ **STEPS:** Aim for 8,000 steps throughout the day.
- ☐ **WATER:** Stay hydrated by drinking at least 8 cups of water.
- ☐ **CALORIES:** 200 Calorie Deficit
- ☐ **EXERCISE:** Full-Body weight training session B
- ☐ **VISUALIZATION:** Complete a 5-minute visualization

Day 4:

- ☐ **FAST:** Complete a 16-hour fast.
- ☐ **STEPS:** Aim for 8,000 steps throughout the day.
- ☐ **WATER:** Stay hydrated by drinking at least 8 cups of water.
- ☐ **CALORIES:** 200 Calorie Deficit
- ☐ **EXERCISE:** Ab routine B
- ☐ **VISUALIZATION:** Complete a 5-minute visualization

Day 5:

- ☐ **FAST:** Complete a 16-hour fast.
- ☐ **STEPS:** Aim for 8,000 steps throughout the day.
- ☐ **WATER:** Stay hydrated by drinking at least 8 cups of water.
- ☐ **CALORIES:** 200 Calorie Deficit
- ☐ **EXERCISE:** Full-Body weight training session A
- ☐ **VISUALIZATION:** Complete a 5-minute visualization

Day 6:

- ☐ **FAST:** Complete a 16-hour fast.
- ☐ **STEPS:** Aim for 8,000 steps throughout the day.
- ☐ **WATER:** Stay hydrated by drinking at least 8 cups of water.
- ☐ **CALORIES:** 200 Calorie Deficit
- ☐ **EXERCISE:** 1-Hour Cardio (Run, Tennis, Basketball)
- ☐ **VISUALIZATION:** Complete a 5-minute visualization

Day 7:

- ☐ **FAST:** Complete a 16-hour fast.
- ☐ **STEPS:** Aim for 8,000 steps throughout the day.
- ☐ **WATER:** Stay hydrated by drinking at least 8 cups of water.
- ☐ **CALORIES:** 200 Calorie Surplus
- ☐ **EXERCISE:** Rest
- ☐ **VISUALIZATION:** Complete a 5-minute visualization

Week 2:

- Aim for 9,000 steps daily.
- Begin with a 16-8 hour intermittent fasting plan.
- Complete a full-body weight training session three times per week.
- Incorporate an ab routine twice per week.
- Complete one cardio session per week.
- Aim for a 200-calorie deficit each day and 200 calorie surplus on a rest day.

Day 1:

- ☐ **FAST:** Complete a 16-hour fast.
- ☐ **STEPS:** Aim for 9,000 steps throughout the day.
- ☐ **WATER:** Stay hydrated by drinking at least 8 cups of water.
- ☐ **CALORIES:** 200 Calorie Deficit
- ☐ **EXERCISE:** Full-Body weight training session B
- ☐ **VISUALIZATION:** Complete a 5-minute visualization

Day 2:

- ☐ **FAST:** Complete a 16-hour fast.
- ☐ **STEPS:** Aim for 9,000 steps throughout the day.
- ☐ **WATER:** Stay hydrated by drinking at least 8 cups of water.
- ☐ **CALORIES:** 200 Calorie Deficit
- ☐ **EXERCISE:** Ab routine A
- ☐ **VISUALIZATION:** Complete a 5-minute visualization

Day 3:

- ☐ **FAST:** Complete a 16-hour fast.
- ☐ **STEPS:** Aim for 9,000 steps throughout the day.
- ☐ **WATER:** Stay hydrated by drinking at least 8 cups of water.
- ☐ **CALORIES:** 200 Calorie Deficit
- ☐ **EXERCISE:** Full-Body weight training session A
- ☐ **VISUALIZATION:** Complete a 5-minute visualization

Day 4:

- ☐ **FAST:** Complete a 16-hour fast.
- ☐ **STEPS:** Aim for 9,000 steps throughout the day.
- ☐ **WATER:** Stay hydrated by drinking at least 8 cups of water.
- ☐ **CALORIES:** 200 Calorie Deficit
- ☐ **EXERCISE:** Ab routine B
- ☐ **VISUALIZATION:** Complete a 5-minute visualization

Day 5:

- ☐ **FAST:** Complete a 16-hour fast.
- ☐ **STEPS:** Aim for 9,000 steps throughout the day.
- ☐ **WATER:** Stay hydrated by drinking at least 8 cups of water.
- ☐ **CALORIES:** 200 Calorie Deficit
- ☐ **EXERCISE:** Full-Body weight training session B
- ☐ **VISUALIZATION:** Complete a 5-minute visualization

Day 6:

- ☐ **FAST:** Complete a 16-hour fast.
- ☐ **STEPS:** Aim for 9,000 steps throughout the day.
- ☐ **WATER:** Stay hydrated by drinking at least 8 cups of water.
- ☐ **CALORIES:** 200 Calorie Deficit
- ☐ **EXERCISE:** 1-Hour High-Intensity Cardio (Run, Tennis, Basketball)
- ☐ **VISUALIZATION:** Complete a 5-minute visualization

Day 7:

- ☐ **FAST:** Complete a 16-hour fast.
- ☐ **STEPS:** Aim for 9,000 steps throughout the day.
- ☐ **WATER:** Stay hydrated by drinking at least 8 cups of water.
- ☐ **CALORIES:** 200 Calorie Surplus
- ☐ **EXERCISE:** Rest
- ☐ **VISUALIZATION:** Complete a 5-minute visualization

Week 3:

- Aim for 10,000 steps daily.
- Begin with a 16-8 hour intermittent fasting plan.
- Complete a full-body weight training session three times per week.
- Incorporate an ab routine twice per week.
- Complete one cardio session per week.
- Aim for a 250-calorie deficit each day and 250 calorie surplus on the rest day.

Day 1:

- ☐ **FAST:** Complete a 16-hour fast.
- ☐ **STEPS:** Aim for 10,000 steps throughout the day.
- ☐ **WATER:** Stay hydrated by drinking at least 8 cups of water.
- ☐ **CALORIES:** 250 Calorie Deficit
- ☐ **EXERCISE:** Full-Body weight training session A
- ☐ **VISUALIZATION:** Complete a 5-minute visualization

Day 2:

- ☐ **FAST:** Complete a 16-hour fast.
- ☐ **STEPS:** Aim for 10,000 steps throughout the day.
- ☐ **WATER:** Stay hydrated by drinking at least 8 cups of water.
- ☐ **CALORIES:** 250 Calorie Deficit
- ☐ **EXERCISE:** Ab routine A
- ☐ **VISUALIZATION:** Complete a 5-minute visualization

Day 3:

- ☐ **FAST:** Complete a 16-hour fast.
- ☐ **STEPS:** Aim for 10,000 steps throughout the day.
- ☐ **WATER:** Stay hydrated by drinking at least 8 cups of water.
- ☐ **CALORIES:** 250 Calorie Deficit
- ☐ **EXERCISE:** Full-Body weight training session B
- ☐ **VISUALIZATION:** Complete a 5-minute visualization

Day 4:

- ☐ **FAST:** Complete a 16-hour fast.
- ☐ **STEPS:** Aim for 10,000 steps throughout the day.
- ☐ **WATER:** Stay hydrated by drinking at least 8 cups of water.
- ☐ **CALORIES:** 250 Calorie Deficit
- ☐ **EXERCISE:** Ab routine B
- ☐ **VISUALIZATION:** Complete a 5-minute visualization

Day 5:

- ☐ **FAST:** Complete a 16-hour fast.
- ☐ **STEPS:** Aim for 10,000 steps throughout the day.
- ☐ **WATER:** Stay hydrated by drinking at least 8 cups of water.
- ☐ **CALORIES:** 250 Calorie Deficit
- ☐ **EXERCISE:** Full-Body weight training session A
- ☐ **VISUALIZATION:** Complete a 5-minute visualization

Day 6:

- ☐ **FAST:** Complete a 16-hour fast.
- ☐ **STEPS:** Aim for 10,000 steps throughout the day.
- ☐ **WATER:** Stay hydrated by drinking at least 8 cups of water.
- ☐ **CALORIES:** 250 Calorie Deficit
- ☐ **EXERCISE:** 1-Hour Cardio (Run, Tennis, Basketball)
- ☐ **VISUALIZATION:** Complete a 5-minute visualization

Day 7:

- ☐ **FAST:** Complete a 16-hour fast.
- ☐ **STEPS:** Aim for 10,000 steps throughout the day.
- ☐ **WATER:** Stay hydrated by drinking at least 8 cups of water.
- ☐ **CALORIES:** 250 Calorie Surplus
- ☐ **EXERCISE:** Rest
- ☐ **VISUALIZATION:** Complete a 5-minute visualization

Week 4:

- Aim for 11,000 steps daily.
- Begin with a 16-8 hour intermittent fasting plan.
- Complete a full-body weight training session three times per week.
- Incorporate an ab routine twice per week.
- Complete one cardio session per week.
- Aim for a 250-calorie deficit each day and 250 calorie surplus on a rest day.

Day 1:

- ☐ **FAST:** Complete a 16-hour fast.
- ☐ **STEPS:** Aim for 11,000 steps throughout the day.
- ☐ **WATER:** Stay hydrated by drinking at least 8 cups of water.
- ☐ **CALORIES:** 250 Calorie Deficit
- ☐ **EXERCISE:** Full-Body weight training session B
- ☐ **VISUALIZATION:** Complete a 5-minute visualization

Day 2:

- ☐ **FAST:** Complete a 16-hour fast.
- ☐ **STEPS:** Aim for 11,000 steps throughout the day.
- ☐ **WATER:** Stay hydrated by drinking at least 8 cups of water.
- ☐ **CALORIES:** 250 Calorie Deficit
- ☐ **EXERCISE:** Ab routine A
- ☐ **VISUALIZATION:** Complete a 5-minute visualization

Day 3:

- ☐ **FAST:** Complete a 16-hour fast.
- ☐ **STEPS:** Aim for 11,000 steps throughout the day.
- ☐ **WATER:** Stay hydrated by drinking at least 8 cups of water.
- ☐ **CALORIES:** 250 Calorie Deficit
- ☐ **EXERCISE:** Full-Body weight training session A
- ☐ **VISUALIZATION:** Complete a 5-minute visualization

Day 4:

- ☐ **FAST:** Complete a 16-hour fast.
- ☐ **STEPS:** Aim for 11,000 steps throughout the day.
- ☐ **WATER:** Stay hydrated by drinking at least 8 cups of water.
- ☐ **CALORIES:** 250 Calorie Deficit
- ☐ **EXERCISE:** Ab routine B
- ☐ **VISUALIZATION:** Complete a 5-minute visualization

Day 5:

- ☐ **FAST:** Complete a 16-hour fast.
- ☐ **STEPS:** Aim for 11,000 steps throughout the day.
- ☐ **WATER:** Stay hydrated by drinking at least 8 cups of water.
- ☐ **CALORIES:** 250 Calorie Deficit
- ☐ **EXERCISE:** Full-Body weight training session B
- ☐ **VISUALIZATION:** Complete a 5-minute visualization

Day 6:

- ☐ **FAST:** Complete a 16-hour fast.
- ☐ **STEPS:** Aim for 11,000 steps throughout the day.
- ☐ **WATER:** Stay hydrated by drinking at least 8 cups of water.
- ☐ **CALORIES:** 250 Calorie Deficit
- ☐ **EXERCISE:** 1-Hour High-Intensity Cardio (Run, Tennis, Basketball)
- ☐ **VISUALIZATION:** Complete a 5-minute visualization

Day 7:

- ☐ **FAST:** Complete a 16-hour fast.
- ☐ **STEPS:** Aim for 11,000 steps throughout the day.
- ☐ **WATER:** Stay hydrated by drinking at least 8 cups of water.
- ☐ **CALORIES:** 250 Calorie Surplus
- ☐ **EXERCISE:** Rest
- ☐ **VISUALIZATION:** Complete a 5-minute visualization

Week 5:

- Aim for 12,000 steps daily.
- Begin with a 16-8 hour intermittent fasting plan.
- Complete a full-body weight training session three times per week.
- Incorporate an ab routine twice per week.
- Complete one cardio session per week.
- Aim for a 300-calorie deficit each day and 250 calorie surplus on the rest day.

Day 1:

- ☐ **FAST:** Complete a 16-hour fast.
- ☐ **STEPS:** Aim for 12,000 steps throughout the day.
- ☐ **WATER:** Stay hydrated by drinking at least 8 cups of water.
- ☐ **CALORIES:** 300 Calorie Deficit
- ☐ **EXERCISE:** Full-Body weight training session A
- ☐ **VISUALIZATION:** Complete a 5-minute visualization

Day 2:

- ☐ **FAST:** Complete a 16-hour fast.
- ☐ **STEPS:** Aim for 12,000 steps throughout the day.
- ☐ **WATER:** Stay hydrated by drinking at least 8 cups of water.
- ☐ **CALORIES:** 300 Calorie Deficit
- ☐ **EXERCISE:** Ab routine A
- ☐ **VISUALIZATION:** Complete a 5-minute visualization

Day 3:

- ☐ **FAST:** Complete a 16-hour fast.
- ☐ **STEPS:** Aim for 12,000 steps throughout the day.
- ☐ **WATER:** Stay hydrated by drinking at least 8 cups of water.
- ☐ **CALORIES:** 300 Calorie Deficit
- ☐ **EXERCISE:** Full-Body weight training session B
- ☐ **VISUALIZATION:** Complete a 5-minute visualization

Day 4:

- ☐ **FAST:** Complete a 16-hour fast.
- ☐ **STEPS:** Aim for 12,000 steps throughout the day.
- ☐ **WATER:** Stay hydrated by drinking at least 8 cups of water.
- ☐ **CALORIES:** 300 Calorie Deficit
- ☐ **EXERCISE:** Ab routine B
- ☐ **VISUALIZATION:** Complete a 5-minute visualization

Day 5:

- ☐ **FAST:** Complete a 16-hour fast.
- ☐ **STEPS:** Aim for 12,000 steps throughout the day.
- ☐ **WATER:** Stay hydrated by drinking at least 8 cups of water.
- ☐ **CALORIES:** 300 Calorie Deficit
- ☐ **EXERCISE:** Full-Body weight training session A
- ☐ **VISUALIZATION:** Complete a 5-minute visualization

Day 6:

- ☐ **FAST:** Complete a 16-hour fast.
- ☐ **STEPS:** Aim for 12,000 steps throughout the day.
- ☐ **WATER:** Stay hydrated by drinking at least 8 cups of water.
- ☐ **CALORIES:** 300 Calorie Deficit
- ☐ **EXERCISE:** 1-Hour Cardio (Run, Tennis, Basketball)
- ☐ **VISUALIZATION:** Complete a 5-minute visualization

Day 7:

- [ ] **FAST:** Complete a 16-hour fast.
- [ ] **STEPS:** Aim for 12,000 steps throughout the day.
- [ ] **WATER:** Stay hydrated by drinking at least 8 cups of water.
- [ ] **CALORIES:** 250 Calorie Surplus
- [ ] **EXERCISE:** Rest
- [ ] **VISUALIZATION:** Complete a 5-minute visualization

Week 6:

- Aim for 15,000 steps daily.
- Begin with a 16-8 hour intermittent fasting plan.
- Complete a full-body weight training session three times per week.
- Incorporate an ab routine twice per week.
- Complete one cardio session per week.
- Aim for a 400-calorie deficit each day and 250 calorie surplus on a rest day.

Day 1:

- ☐ **FAST:** Complete a 16-hour fast.
- ☐ **STEPS:** Aim for 15,000 steps throughout the day.
- ☐ **WATER:** Stay hydrated by drinking at least 8 cups of water.
- ☐ **CALORIES:** 250 Calorie Deficit
- ☐ **EXERCISE:** Full-Body weight training session B
- ☐ **VISUALIZATION:** Complete a 5-minute visualization

Day 2:

- ☐ **FAST:** Complete a 16-hour fast.
- ☐ **STEPS:** Aim for 15,000 steps throughout the day.
- ☐ **WATER:** Stay hydrated by drinking at least 8 cups of water.
- ☐ **CALORIES:** 400 Calorie Deficit
- ☐ **EXERCISE:** Ab routine A
- ☐ **VISUALIZATION:** Complete a 5-minute visualization

Day 3:

- ☐ **FAST:** Complete a 16-hour fast.
- ☐ **STEPS:** Aim for 15,000 steps throughout the day.
- ☐ **WATER:** Stay hydrated by drinking at least 8 cups of water.
- ☐ **CALORIES:** 400 Calorie Deficit
- ☐ **EXERCISE:** Full-Body weight training session A
- ☐ **VISUALIZATION:** Complete a 5-minute visualization

Day 4:

- ☐ **FAST:** Complete a 16-hour fast.
- ☐ **STEPS:** Aim for 15,000 steps throughout the day.
- ☐ **WATER:** Stay hydrated by drinking at least 8 cups of water.
- ☐ **CALORIES:** 400 Calorie Deficit
- ☐ **EXERCISE:** Ab routine B
- ☐ **VISUALIZATION:** Complete a 5-minute visualization

Day 5:

- ☐ **FAST:** Complete a 16-hour fast.
- ☐ **STEPS:** Aim for 15,000 steps throughout the day.
- ☐ **WATER:** Stay hydrated by drinking at least 8 cups of water.
- ☐ **CALORIES:** 400 Calorie Deficit
- ☐ **EXERCISE:** Full-Body weight training session B
- ☐ **VISUALIZATION:** Complete a 5-minute visualization

Day 6:

- ☐ **FAST:** Complete a 16-hour fast.
- ☐ **STEPS:** Aim for 15,000 steps throughout the day.
- ☐ **WATER:** Stay hydrated by drinking at least 8 cups of water.
- ☐ **CALORIES:** 400 Calorie Deficit
- ☐ **EXERCISE:** 1-Hour High-Intensity Cardio (Run, Tennis, Basketball)
- ☐ **VISUALIZATION:** Complete a 5-minute visualization

Day 7:

- ☐ **FAST:** Complete a 16-hour fast.
- ☐ **STEPS:** Aim for 15,000 steps throughout the day.
- ☐ **WATER:** Stay hydrated by drinking at least 8 cups of water.
- ☐ **CALORIES:** 400 Calorie Surplus
- ☐ **EXERCISE:** Rest
- ☐ **VISUALIZATION:** Complete a 5-minute visualization

Full-Body weight training session A

Week 1:

- Barbell squats: 3 sets of 12 reps
- Dumbbell bench press: 3 sets of 12 reps
- Bent-over barbell rows: 3 sets of 12 reps
- Standing dumbbell shoulder press: 3 sets of 12 reps
- Deadlifts: 3 sets of 12 reps

Week 2:

- Barbell squats: 4 sets of 10 reps (increase weight)
- Dumbbell bench press: 4 sets of 10 reps (increase weight)
- Bent-over barbell rows: 4 sets of 10 reps (increase weight)
- Standing dumbbell shoulder press: 4 sets of 10 reps (increase weight)
- Deadlifts: 4 sets of 10 reps (increase weight)

Week 3:

- Barbell squats: 4 sets of 8 reps (increase weight)
- Dumbbell bench press: 4 sets of 8 reps (increase weight)
- Bent-over barbell rows: 4 sets of 8 reps (increase weight)
- Standing dumbbell shoulder press: 4 sets of 8 reps (increase weight)
- Deadlifts: 4 sets of 8 reps (increase weight)

Week 4:

- Barbell squats: 5 sets of 6 reps (increase weight)
- Dumbbell bench press: 5 sets of 6 reps (increase weight)
- Bent-over barbell rows: 5 sets of 6 reps (increase weight)
- Standing dumbbell shoulder press: 5 sets of 6 reps (increase weight)
- Deadlifts: 5 sets of 6 reps (increase weight)

Week 5:

- Barbell squats: 5 sets of 4 reps (increase weight)
- Dumbbell bench press: 5 sets of 4 reps (increase weight)
- Bent-over barbell rows: 5 sets of 4 reps (increase weight)
- Standing dumbbell shoulder press: 5 sets of 4 reps (increase weight)
- Deadlifts: 5 sets of 4 reps (increase weight)

Week 6:

- Barbell squats: 6 sets of 2 reps (increase weight)
- Dumbbell bench press: 6 sets of 2 reps (increase weight)
- Bent-over barbell rows: 6 sets of 2 reps (increase weight)
- Standing dumbbell shoulder press: 6 sets of 2 reps (increase weight)
- Deadlifts: 6 sets of 2 reps (increase weight)

Note: Make sure to warm up before each workout and stretch after each workout to prevent injury. Additionally, it's important to listen to your body and adjust the weight and reps as necessary to avoid injury and promote progress.

Full-Body weight training session B

Week 1:

- Barbell squats: 3 sets of 12 reps
- Dumbbell bench press: 3 sets of 12 reps
- Bent-over barbell rows: 3 sets of 12 reps
- Standing dumbbell shoulder press: 3 sets of 12 reps
- Lateral raises: 3 sets of 12 reps
- Bicep curls: 3 sets of 12 reps
- Tricep extensions: 3 sets of 12 reps

Week 2:

- Barbell squats: 4 sets of 10 reps (increase weight)
- Dumbbell bench press: 4 sets of 10 reps (increase weight)
- Bent-over barbell rows: 4 sets of 10 reps (increase weight)
- Standing dumbbell shoulder press: 4 sets of 10 reps (increase weight)
- Lateral raises: 4 sets of 10 reps (increase weight)

- Bicep curls: 4 sets of 10 reps (increase weight)
- Tricep extensions: 4 sets of 10 reps (increase weight)

Week 3:

- Barbell squats: 4 sets of 8 reps (increase weight)
- Dumbbell bench press: 4 sets of 8 reps (increase weight)
- Bent-over barbell rows: 4 sets of 8 reps (increase weight)
- Standing dumbbell shoulder press: 4 sets of 8 reps (increase weight)
- Lateral raises: 4 sets of 8 reps (increase weight)
- Bicep curls: 4 sets of 8 reps (increase weight)
- Tricep extensions: 4 sets of 8 reps (increase weight)

Week 4:

- Barbell squats: 5 sets of 6 reps (increase weight)
- Dumbbell bench press: 5 sets of 6 reps (increase weight)
- Bent-over barbell rows: 5 sets of 6 reps (increase weight)
- Standing dumbbell shoulder press: 5 sets of 6 reps (increase weight)

- Lateral raises: 5 sets of 6 reps (increase weight)
- Bicep curls: 5 sets of 6 reps (increase weight)
- Tricep extensions: 5 sets of 6 reps (increase weight)

Week 5:

- Barbell squats: 5 sets of 4 reps (increase weight)
- Dumbbell bench press: 5 sets of 4 reps (increase weight)
- Bent-over barbell rows: 5 sets of 4 reps (increase weight)
- Standing dumbbell shoulder press: 5 sets of 4 reps (increase weight)
- Lateral raises: 5 sets of 4 reps (increase weight)
- Bicep curls: 5 sets of 4 reps (increase weight)
- Tricep extensions: 5 sets of 4 reps (increase weight)

Week 6:

- Barbell squats: 6 sets of 2 reps (increase weight)
- Dumbbell bench press: 6 sets of 2 reps (increase weight)
- Bent-over barbell rows: 6 sets of 2 reps (increase weight)
- Standing dumbbell shoulder press: 6 sets of 2 reps (increase weight)

- Lateral raises: 6 sets of 2 reps (increase weight)
- Bicep curls: 6 sets of 2 reps (increase weight)

Note: Make sure to warm up before each workout and stretch after each workout to prevent injury. Additionally, it's important to listen to your body and adjust the weight and reps as necessary to avoid injury and promote progress.

Ab Training Routine A

Week 1:

- Hanging leg raises: 3 sets of 10 reps
- Weighted crunches: 3 sets of 12 reps
- Cable wood chops: 3 sets of 12 reps (each side)
- Russian twists: 3 sets of 12 reps (each side)

Week 2:

- Hanging leg raises: 4 sets of 10 reps (increase weight)
- Weighted crunches: 4 sets of 12 reps (increase weight)
- Cable wood chops: 4 sets of 12 reps (each side) (increase weight)
- Russian twists: 4 sets of 12 reps (each side) (increase weight)

Week 3:

- Hanging leg raises: 4 sets of 12 reps (increase weight)
- Weighted crunches: 4 sets of 15 reps (increase weight)
- Cable wood chops: 4 sets of 15 reps (each side) (increase weight)
- Russian twists: 4 sets of 15 reps (each side) (increase weight)

Week 4:

- Hanging leg raises: 5 sets of 12 reps (increase weight)
- Weighted crunches: 5 sets of 15 reps (increase weight)
- Cable wood chops: 5 sets of 15 reps (each side) (increase weight)
- Russian twists: 5 sets of 15 reps (each side) (increase weight)

Cardio Workouts

Cardiovascular exercise is essential for burning calories and reducing body fat, which will help reveal your six-pack abs. Include a mix of high-intensity interval training (HIIT) and low-intensity steady-state (LISS) cardio in your workout routine:

HIIT: Perform short bursts of high-intensity exercise (e.g., sprints, burpees, jump squats) followed by brief periods of rest or low-intensity exercise. HIIT sessions can last anywhere from 10-30 minutes and are highly effective at burning calories and improving cardiovascular fitness.

LISS: Engage in longer, low-intensity activities (e.g., walking, jogging, swimming, cycling) that maintain a consistent heart rate throughout the session. LISS workouts typically last 30-60 minutes and are ideal for active recovery days or when you want a less intense workout.

Aim to include 2-3 cardio sessions per week, alternating between HIIT and LISS for variety and optimal results.

Strength Training for a Balanced Physique

In addition to targeting your core muscles, it's important to incorporate strength training for other major muscle groups. This will create a balanced, well-proportioned physique and contribute to your overall strength and fitness.

Focus on compound exercises that work multiple muscle groups simultaneously, as well as isolation exercises for specific areas. Aim to perform strength training sessions 2-3 times per week, targeting different muscle groups each session.

Here's a suggested full-body strength training workout:

- Squats: 3 sets of 8-12 reps
- Bench press: 3 sets of 8-12 reps
- Deadlifts: 3 sets of 8-12 reps
- Pull-ups or lat pulldowns: 3 sets of 8-12 reps
- Shoulder press: 3 sets of 8-12 reps
- Bicep curls: 3 sets of 8-12 reps
- Tricep dips: 3 sets of 8-12 reps

Week 5:

- Hanging leg raises: 5 sets of 15 reps (increase weight)
- Weighted crunches: 5 sets of 20 reps (increase weight)
- Cable wood chops: 5 sets of 20 reps (each side) (increase weight)
- Russian twists: 5 sets of 20 reps (each side) (increase weight)

Week 6:

- Hanging leg raises: 5 sets of 15 reps (increase weight)
- Weighted crunches: 5 sets of 20 reps (increase weight)
- Cable wood chops: 5 sets of 20 reps (each side) (increase weight)
- Russian twists: 5 sets of 20 reps (each side) (increase weight)
- Planks: Hold for as long as possible for 3 sets (increase time held)

Note: It's important to listen to your body and adjust the weight and reps as necessary to avoid injury and promote progress. Also, make sure to warm up before each workout and stretch after each workout to prevent injury.

Ab Training Routine B

Week 1:

- Dead bug: 3 sets of 15 reps (each side)
- Plank with leg lift: 3 sets of 15 reps (each side)
- Bicycle crunch: 3 sets of 20 reps
- Reverse crunch: 3 sets of 20 reps

Week 2:

- Dead bug: 4 sets of 15 reps (each side)
- Plank with leg lift: 4 sets of 15 reps (each side)
- Bicycle crunch: 4 sets of 20 reps
- Reverse crunch: 4 sets of 20 reps

Week 3:

- Dead bug: 4 sets of 20 reps (each side)
- Plank with leg lift: 4 sets of 20 reps (each side)
- Bicycle crunch: 4 sets of 25 reps
- Reverse crunch: 4 sets of 25 reps

Week 4:

- Dead bug: 5 sets of 20 reps (each side)
- Plank with leg lift: 5 sets of 20 reps (each side)
- Bicycle crunch: 5 sets of 30 reps
- Reverse crunch: 5 sets of 30 reps

listen to your body and make adjustments as needed. Keep in mind that consistency is key, and small, sustainable changes over time can lead to significant results.

It's our hope that this book has provided you with the knowledge, tools, and motivation necessary to achieve your fitness goals and reveal your six-pack abs. Congratulations again on your progress and remember to continue living a healthy, active lifestyle to maintain your results.

Free Gift For You!

This is my final reminder that your free keto cookbook will EXPIRE soon...

Claim Your FREE Keto Recipe Book Now

https://holisticnutritionclub.com/free-keto-recipes

To date, thousands of men and women have already received their 51+ yummy and healthy keto recipes cookbook...

I don't want you to miss this. This is no joke or marketing gimmick.

- **If you are struggling with weight loss...**
- **If you feel stuck or caught in the dreaded plateau zone...**
- **If you are fighting obesity for years (or even decades)...**
- **If you want to be there for your family when they need you...**
- **If you want to reclaim your health, your energy, and your self-confidence...**
- **If you finally want to revamp your metabolism and stop hunger cravings...**

Conclusion

Congratulations on completing this six-week program to achieve six-pack abs! You have taken the necessary steps to lose body fat, increase your daily activity, and engage in targeted exercises to build and define your abdominal muscles.

It's important to remember that the road to achieving six-pack abs is not easy, and it requires dedication, discipline, and hard work. However, the results are worth it, and you can be proud of yourself for making positive changes to your lifestyle and achieving your fitness goals.

Throughout this book, we have covered various topics related to achieving six-pack abs, including the science of fat loss, the benefits of fasting and walking, the importance of a well-rounded exercise routine, and nutritious and delicious meal options. We have also provided detailed workout plans and abdominal training routines to help guide you towards success.

Remember that everyone's journey towards six-pack abs is unique, and it's important to

Week 5:

- Dead bug: 5 sets of 25 reps (each side)
- Plank with leg lift: 5 sets of 25 reps (each side)
- Bicycle crunch: 5 sets of 35 reps
- Reverse crunch: 5 sets of 35 reps

Week 6:

- Dead bug: 5 sets of 30 reps (each side)
- Plank with leg lift: 5 sets of 30 reps (each side)
- Bicycle crunch: 5 sets of 40 reps
- Reverse crunch: 5 sets of 40 reps
- Dragon flags: 3 sets of 10 reps

Note: It's important to maintain proper form and avoid straining the neck or lower back during abdominal exercises. Rest for 30-60 seconds between sets to maximize tension and effectiveness.

- **If you want to fit back into all these cute clothes...**

Then...Give this a try! What do you have to lose?

Claim Your FREE Keto Recipe Book Now

https://holisticnutritionclub.com/free-keto-recipes

Remember, the power to transform your life is in your hands. Take action today and embrace the journey to a healthier you.

To your vibrant health and happiness,

Anthony Starwood

www.ingramcontent.com/pod-product-compliance
Lightning Source LLC
Chambersburg PA
CBHW061632250726
48659CB00004B/1188